～不動産投資、明日やろうは馬鹿やろう！～

「14人」の達人に学ぶ不動産投資成功の秘訣

株式会社クリスティ 代表取締役
富士企画株式会社 代表取締役 新川《しんかわ》 義忠《よしただ》
★執筆協力 白鳥つばさ

はじめに

仕事も遊びも一生懸命。

これは私の軸になっている言葉です。

私が代表を務める不動産会社は2社あります。私と父の2人で立ち上げた「富士企画」と亡き小林社長（当時）から引き継いだ「クリスティ」です。

「俺は今日死んでもいい。それくらい俺は一生懸命生きてんだよ！」

そんな話をよく小林社長から聞かされていました。

「お前ももっと遊べ！　仕事ばっかするな！　でもちゃんと結果出せ！

それと好きで一緒になった女性を幸せにしろ！　男が女性や子供を守るんだよ！」

振り返れば、社長と飲んでいると、いつもよくこんな話になっていました。

私自身が「仕事も遊びも一生懸命」を言うようになったのは「富士企画」を設立し

てからです。

サーフィンと仕事の両立したい。どちらも一生懸命、取り組みたい。

そんな思いから出勤時間、定休日を決めていないくらいです。

定休日に合わせていたら、いい波がくるなんてありえないですし、波がいい日はいつだってサーフィンをしたいのです。

私は波の良い日は朝、仕事の前にサーフィンをしています。

サーフィンの後に仕事をするなんて大変なように思えますが、そんなことはありません。1日がとても充実しています。

そんな風に仕事と遊びどちらも大事にして、仕事ばかりをしている奴には「もっと遊べ」と、逆に遊んでばかりなら「もっと仕事しろ！」と言っています。

どちらかに偏ってはいけません。バランスが大事だと普段から言っております。

不動産投資も同じで、ただお金儲けのためだけにするよりは、不動産投資を楽しんでいる人たちのほうが圧倒的に成功しているように感じます。

本書は不動産投資の達人14人から学んだ成功の法則を紹介しています。

前半は私の成功論。後半は「不動産投資の達人14人」の方々に私が取材をして、その投資手法だけでなく、目標や考え方などをまとめたものです。

くわえて当社の広報担当である白鳥つばさの寄稿もあり、不動産投資の書籍としてはかなり異色であると自覚しています。


なぜ、私がこのような本を出そうと思ったのか。

それは、不動産投資に対するネガティブなイメージを払拭したかったからです。

新築シェアハウス、かぼちゃの馬車を発端にした不正融資問題、大手アパートメーカーの違法建築問題など、「一攫千金を夢見たサラリーマン投資家さんが損をしている事実」「相続税対策に失敗してしまった地主さんの実態」といった負の側面ばかりがクローズアップされているのが歯がゆく感じていました。


また、現在の融資が受けにくい状況のなか、「これからはじめるのは無理」「初心者のサラリーマンには貸さないだろう」そう感じている方も多いのではないかと思います。

不動産投資の業界に20年近く身を置く私からしてみれば、「そんなことはない！」と言いたいです。

どんな時代にもお金を貸す銀行はあり、不動産投資をはじめている人がいます。また、損をしている人がいる一方で、多くの成功者がいます。

そして、不動産投資をはじめたことで、幸せをつかんでいる人もいっぱいいるのです。その事実をストレートにお伝えしたかったのです。

投資ノウハウについては、すでに出尽くしていますし、本書で紹介する達人の皆さんは著作を出していたり、情報発信をされていたりしています（もっと詳しく知りたいと思ったら、そちらをご覧ください）。

私自身がお勧めする不動産投資ノウハウは2年前に発売した『出口から逆算する“プロ”の不動産投資術！』（ごま書房新社）に詳しくあります。

本書では、あえてノウハウに注目せず、「5つの大家力」をキーワードにしていますが、本当のところをいえば、全員すべての力を身に着けています。

そのうえで力の使い方やその強みのバランスがそれぞれの投資手法に反映して、それぞれの成功に結び付いている印象を強く受けました。

どのような思いがあってはじめているのか。そこに到達までに感じたことなど、気持ちの部分が大きく左右しているようにも感じます。

本書がこれから不動産投資をはじめる皆さん、またすでにはじめており目的に向かってがんばっている皆さんの少しでもお役に立てれば幸いです。

新川　義忠

目次

第2章 成功投資家さんの共通点

第3章 5つの「大家力」を身につけよう

第2部　14人の達人に学ぶ不動産投資成功の秘訣

ベテラン大家さん

話題の大家さん

女性大家さん

大家さんサポート

第1部

不動産投資で成功するために必要な“力《ちから》”とは

第1章

「成功」の定義とは?

第1章では、不動産投資の成功とは、一体どのような状態をいうのか。

その定義について考えてみたいと思います。

幸せにならなければ成功ではないですし、お金が儲けられれば幸せというわけでもありません。

1 成功の定義は一人ひとり異なる

第1章では、いきなり成功を語るのではなく、不動産投資の成功とはどのような状況を指すのか、その定義づけから行っていきたいと思います。

一般に「成功」という言葉は、明確化しないで使われていることが多いです。前提として、人によって成功の定義が違うもの。例えば年収一つとっても、1000万円を成功だと思う人がいれば、1億円の収入がなければ成功とは感じない人もいるでしょう。

これは不動産投資でも同じことが言えます。

「不動産投資の成功」とは、まずは利益が出ていること。

そのうえで、年間キャッシュフローの金額を基準とするのか、資産何億円を目指すのか。それとも戸数を多く持つことなのか。様々な考え方があります。

多くのサラリーマン投資家さんは何らかの数値目標を掲げていますが、その数字の根拠を聞いてみると、漠然ときりのいい数字で考えているケースがほとんどです。

現実的なところでいえば、不動産投資で「本業の年収を超えること」を目標にしている人が多いといえます。そして、もう一段階先の目標として「サラリーマンをリタイヤすること」を掲げる人もいます。

その目的を果たすために、どのような物件をどのようなスピードで、どのような規模まで購入すべきかを考えていきます。

もちろん、目標設定の基準に決まりはなく、数値が大きいほど良いわけでもありません。


不動産投資の世界では、すでに成功されている方も数多くいます。

わかりやすい成功者というと、高級外車に乗って高級な時計をして、服装にもこだわり、世界各国を気ままに旅をして、美味しい食事を食べ歩く・・・そんなお金持ち像を思い浮かべる人も多いですが、そのような人が本当に幸せなのかはわかりません。

私は千葉にセカンドハウスがありますが、そこでの移動は軽トラ、服装はTシャツと半ズボンで充分です。価値観は周囲にいる人や環境によって案外簡単に変わるものなのです。

自分にとっての成功とは、どんなものかをイメージして、それを数字に落とし込んでいきましょう。

2 不動産投資は目的ではなく手段

私が考える成功の定義は「自分なりの目標を定めて達成すること」なのですが、あくまで最終的に到達すべきは「幸せになること」です。

そもそも不動産投資を行うのはなぜでしょうか。目的は人それぞれだと思いますが、根本的な部分では「幸せになりたい」と考えているはずです。

また、勘違いしがちなのですが「お金持ち＝幸せ」ではありません。私も若いころは「稼げば幸せになれる」と思っていました。

しかし、仕事をしていくうちに、その考えが間違っていることに気づきました。「稼ぐこと」はそのまま幸せにはつながりません。稼いで何かに使うからこそ幸せになれるのです。

幸せはお金で買えるものではありませんが、お金があることで生活が安定したり、目標が叶えられたり、幸せになるための手助けとなります。そして、いくらあればら幸せになるかは人によって異なります。

以前、月のキャッシュフローが100万円を超えた人に対して、「どのようなお金の使い方をしますか?」と質問したことがあります。

得ているお金で充分暮らしていけるのであれば、それ以上稼がなくても良いのではないかというのが私の考えです。

というのも、そもそも幸せになるためにはじめた不動産投資なのに、いつのまにか稼ぐことが手段でなく目的になってしまう人が意外と多いからです。

ですから、漠然と「稼ぎたい」と思っているだけではなく、常に自分が求める幸せは何なのか。それを実現するためにお金がいくら必要なのかを考えてみてはいかがでしょうか。

私の幸せの基準は、仲間と共にサーフィンを楽しめることと、仕事ができることです。

そのため、私の会社では決められた休みがありません。それは、波の状態を見てサーフィンをしたいからです。

いい波が来る日に休みをとりたい・・・それを実現しています。

この観点からいえば、「幸せ＝自分の時間を持てること」です。このように幸せの価値基準は人それぞれだと思います。

3 人と比べることに意味はない

多くの投資家さんは、自分が本当に求めるものを見つけるよりも、周りと比較して目標を設定してしまいがちです。

また、どれだけ融資を受けたか、投資額はいくらか、利回りは何％なのかと人の動向を気にして、それを自分の基準にしている投資家さんにも多く出会います。

普通のサラリーマンであれば、お金の話を堂々とすることはまずありませんが、不動産投資家さんだと当然のように自身の投資の話をしますから、オープンに話し合えて情報交換できることが不動産投資の魅力でもあるといえます。

その反面、ついつい人のことが気になってしまう。比べてしまう。という傾向にあります。

本来であれば、不動産投資は優劣をつけるようなものではないのですが、数値を出しやすい特徴があるので、「人より良い数字」に囚われてしまいがちです。

これが例えば株式投資の場合、収支のエビデンスを示しにくいため、どれだけ儲けたかということはわかりにくく、逆にいえば実際の成果よりも盛ってアピールすることもできそうです。

また、サラリーマン投資家さんと地主さんを比べれば、土地を持っている地主さんのほうが一見優位に思えますが、知識を持っていなければ、割高な新築メーカーアパートを建ててしまったり、不利なサブリース契約を結んでしまったりして困っているということもあります。

くわえて、一般的に高属性といわれる高年収のサラリーマンであっても「新築ワンルームマンション」や「かぼちゃの馬車のシェアハウス」のような強引な営業の餌食にされることもあるわけです。

不動産投資は、ほかの投資と違い、何年にはじめたのか、どんな物件を買ったのか、どういう属性だったのかをヒアリングするだけで、数字から投資状況が概ね分かるという興味深い特徴があります。

とはいえ「利回り20％超えの地方の築古木造アパート」「都内23区にある利回り8％の新築木造アパート」など、一概に利回りだけで比べて判断できるものではありません。投資規模についても同様です。

4 数値に囚われると買えなくなる

あらゆることを人と比べることができますが、必要なのは「自分がいいと思った物件を購入すること」「買った物件を高稼働させること」であり、他人と比較するのはあまり意味がありません。

それにも関わらず、不動産投資の世界では、必要以上に人のことを気にしたり、マウントをとりたがったりする投資家さんもいます。

・私のほうが規模が大きい。
・私のほうが収益率が高い。
・私のほうがキャッシュフローが多い。
・私のほうが利回りが高い。

このように人と比べて自分は優れていると言いたい投資家さんもいます。

マウンティングをする投資家さんは、今よりも良い時期に不動産投資をはじめている方に多いようです。

もちろん優秀な方ではありますが、その時々の市況や融資状況によるところも大きいため、「その人だからうまくいった」というケースもあるのではないでしょうか。

このような武勇伝を聞いた投資初心者にありがちなのは、人の数字に囚われてしまうことです。

「もっと良い利回りの物件があるはず」「もっとたくさん指し値ができるはず」と思い込んでしまい、投資指標を限定的にすればするほど、該当する物件がどんどん減ってきて、購入をするのが難しくなります。

また、どれだけ物件情報を集めても「もっと」「もっと」とキリがなく、どんな物件情報が来てもなかなか決めきれないケースが増えるのです。

5 自分の意見をしっかり持つ

物件の値段がどのように決まっていくかといえば、融資に連動します。

築古物件でも長期融資が出れば値段は高くなっていくと思いますし、これが今のように融資が難しいと言われるようなタイミングでは、現金でも買えるような物件が高く売れる傾向にあります。

また、これは昔からではありますが、キャッシュフローが出る物件にも人気があります。

しかし、私自身はキャッシュフローが出ない物件でも買っています。キャッシュフローがほぼ出なくても、7年後に完済であれば、7年後はローンなしの物件が持てるのです。

例えば、年間1000万円のキャッシュフローがある物件を購入し、支出が1000万円だったしても、別に給料収入があるサラリーマンであれば生活に支障はありません。

これがキャッシュフローを重視して長期で借りると、月々の収支バランスは一見よく見えても売ろうと思ったときに、残債が多く残っていて残債以下で売れない可能性もあります。

ですから、物事を多面的に見る意識をしていないと、騙されたり失敗したりしてしまいます。

地方の高利回りボロ物件があったとしたら、「その分だけリスクが高いので怖い」と思う人もいれば、「満室にできれば利回りが相当高いので魅力的」と答える人もいます。
どちらが正しいわけでも間違っているわけでもありません。

ただ注意しなければならないのは、自分の目的がはっきりしていないと、周囲の意見に振り回されてしまいます。

もちろん、変化することは重要ですし、情報が不足していれば判断を誤ることもあるでしょう。

はじめから何でも完ぺきにできる人はいません。どれだけ成功している投資家さんでも、「1棟目は失敗だった」という人は多いです。

それでも、その失敗した1棟目がなければ、その人の今はないわけですから、勇気を出して一歩進めてみることはとても大切です。

ただし、自分の性格（思考）は把握しておきましょう。

空室になって不安に思うような人は利回りよりも客付けのしやすい好立地物件を選んだほうがいいでしょう。逆に空室を覚悟できるのなら地方の高利回りを狙うのもいいでしょう。

いずれにせよ、不動産投資には何らかのリスクは伴います。

ですから、「どんなリスクなら自分は耐えられるのか」ということを逆算して導き出すのがよいかと思います。

また不動産投資は他の投資と比べて、格段にリスクを減らせます。

リスクを減らす方法は「知識をつけること」「自分の味方を増やすこと」につきます。

6 成功した不動産投資家が考えるべきこと

第1章でお伝えしているのは成功の定義ですが、ある程度まで成功した方にお伝えしたいこととして、自分のいなくなった後を考えていただきたいです。

具体的に言えば、自分が「亡くなった時のこと」を常日頃から気にかけましょう。いつから考えたほうがいいのか。そのタイミングは不動産投資を始める時からが理想ですが、遅くても相続税が発生する時期には対策が必要です。

具体的にいえば、万が一、自分がたった今亡くなったら、どれくらいの相続税が掛かるのか。また、不動産をはじめとした資産の相続は円滑にできるのかを確認ください。

相続税の支払いがあるのか、あればその金額はいくらなのかといった計算は税理士にしてもらえます。

ここで注意いただきたいのは、その物件の価値＝購入価格ではないということです。相続税評価は、相続税路線価から計算します。

例えば、アパートを2棟所有していて、1棟を長男、2棟目を次男に継がせようと考えた場合、購入価格が同じでも相続税評価にすると1棟目1500万円、2棟目500万円ということもあります。そのため不公平感が出てしまい揉めるケースもあります。

また、遺された子供たちの兄弟仲は良かったとしても、配偶者や親せきなどが、いろいろ関わってくることがあります。不動産はとくに揉めやすいものですから、亡くなる前にしっかり整理しておきましょう。

相続税の観点からいえば、現金で相続するより不動産で相続する方が絶対に有利です。だからこそ揉める要素があるのです。

相続案件を扱っている業者の元へ、よく投資家さんから「相続案件はありませんか」と聞かれますが、それは相続案件ほど安く買いたたける可能性があるからです。揉める可能性があるものを事前に手を打たないというのは、避けたいところです。

自分たちの代で使い切るという考えもありますが、いつでも亡くなる可能性はあります。

これまで相続争いや相続税の支払いなどは、地主さんならではのものという感覚でしたが、税制が変わってある一定以上の人は、相続税の対象になっています。

自分で路線価から計算も出来ると思いますが、できれば税理士に相談して、自分の財産の健康診断をしましょう。購入した金額ではなくて相続税路線価の数字で確認することが大事なのです。

7 成功しても会社は辞めないほうがいい

不動産投資で成功して、会社を辞めたい・・・そう考える人も多いですが、なるべく会社は辞めないほうがいいと私は思っています。

よくありがちなことですが、不動産投資で成功して、リタイヤした先輩投資家さんを見て、憧れだけで辞めてしまうのは早計かもしれません。

人それぞれの価値観ではありますが、私の個人的な意見でいえば、目標をもってのリタイヤ以外はお勧めしません。

毎日が日曜日で毎日やることがないというのは、意外に飽きてしまうもの。充実して輝いている人がいる一方で、時間を持て余している投資家さんもいます。

不動産投資を続けているうえでも、安定収入のあるサラリーマンはプラスになりますし、家賃収入という給与以外の収入の柱があることで、生活が安定して気持ちも安定します。

よく聞くのは会社を辞めてもいいだけの稼ぎが別にあるということで、会社でのびのびと振舞えるため、むしろ評価が上ったという話です。また、激務のサラリーマンであれば、もっと労働条件の良い仕事に転職することもできます。

明日やろうは馬鹿野郎 ～新川義忠の半生～

祖父の影響で建築関係へ

現在、父は私と共に「富士企画」を経営していますが、元々は銀行勤めをしていました。一般的なサラリーマン家庭ではありましたが、祖父は大工ということもあり、まわりには職人さんが多く、なんとなく自分もそっちの方に進むつもりでいました。

しかし、インテリアデザインへ憧れもあり、けっきょく高校を卒業してから専門学校へ進み、パースの描き方や図面を引くことを学びました。

また、高校を卒業した頃からサーフィンの魅力に取りつかれ、10代からずっと海に通っていました。

そして、あまりマジメな学生でなかった私は半年間ダブって卒業しました。

その当時の私は、パチンコばかりしていて普通に卒業できなかったのです。本来、2年間で卒業のところ2年半も通ったことになります。

その後、住宅設備の会社になんとか就職ができました。求人募集を見てやってきた私を、会社の人は「翌年4月の入社希望者だな?」と勘違いして面接をしてくれたのです。

この住宅設備の会社で7年働きました。仕事は工務店さんへ給湯器や流しを納める立場だったので、現場があれば図面をもらって、そこに見合う商品を納めていたのです。予算に合わせてお施主さんと打ち合わせをします。

そして、入社から6年が経ったとき、会社内にもともとあったリフォーム部門を「もっと大きくしたいから、そっちへ行かないか?」と打診されました。興味はあったので、「すぐ行きます!」と移りました。

ちなみに当時は営業マンの中でも、営業成績は常に1～2位を争うようになっていました。しかし、売れている割には給料が少なかったので、しょっちゅう「もっと上げてください!」と交渉していました。そのたびに大体500

円くらい上がりました。

そこでは新築の1棟を受けることができたり、かなり大きな物件も手がけられるようになりました。

仕事は面白かったのですが、その後、また元の営業部に戻るよう言われ、リフォーム部と営業部を行ったり来たりするのは嫌だなと感じていたのです。

そこで、部署移動をきっかけに退社することにしました。

転職先は創業1年目の不動産会社

次の転職に関しては、不動産会社に決めました。

それまで、建築の現場で不動産会社の営業マンとも接する機会がありました。そのとき、私には不動産屋が羽振りよく見えたのです。それで、景気の良さそうな業界で「もう少し自分の力を試したいな」という思いが沸いてきました。

当時の私は27歳でした。会社を辞めると決めたことは誰にも相談していません。当時は結婚をしていましたが妻にも相談していません。

今から20年前のこと、誰にも相談をせず、クリスティの前身となる会社「スズコウハウス」へ再就職したのです。

この年、埼玉県の大宮で創業されたばかりの会社で、自分の力を試したかった私は、むしろ実績のない方がよい、と考えて選びました。

世の中の景気が悪いときでしたので、その時代に会社を興すというのは、それなりに自信があり、個人の力も絶対にあるだろうなと想像しました。私は、自分だけの力で勝負しようとしている人たちと一緒に働きたかったのです。


しかし、この会社は怪しすぎました。

当時の不動産屋のイメージでは、人通りの多い駅前にあるものだとばかり思っていましたが、この頃は建材などの卸しをする会社の3階に間借りして営業していました。

私が面接で初めて訪れたときも、求人誌に載っていた住所はここなのに、スズコウハウスという看板さえ見当たらず、戸惑ったものです（よく見るとポストに小さく「スズコウハウス」と書いてありました）。

建材屋さんは、1階と2階で仕事しておりキレイな会社でしたが、3階は麻雀部屋と倉庫です。その麻雀部屋が不動産会社だったのです。

2階に上がり、3階を見上げたら、電灯もついていないのです。「これはやばい！」と警戒するような、たまらない怪しさがありました。

面接後に聞いたら、「みんな面接をバックレるんだよね」ということでした。それほど怪しいどんよりしたムードがあったのです。

「クリスティ」は前身の段階では、実需と投資の両方をやっている不動産投資会社でした。担当部署などありません。管理職以外は営業マンです。私が入ったとき社員は3人しかいませんでした。

会社としては両方の広告を打っていましたが、マイホームはライバルが多いからか、決まるのはアパートばかりでした。

基本的には住宅情報誌への広告です。雑誌の一番後ろのほうに、「事業用不動産」というコーナーがあったのです。そこへ毎週のように広告を出していました。昔のほうが利回りのいい物件があり、問い合わせの電話もすごく鳴りました。

振り返れば、当時は黄金期でした。第一次不動産投資ブームです。この時代は不動産投資に対して、誰もが興味津々の時代だったと思います。

今ならネットで問い合わせるだけで、かんたんに物件情報は得られますが、情報の取り方も最近の投資家さんとは事情が全く違います。すでにインターネットはありましたが、私はパソコンを持っていませんでしたから、メールで問合せが来ても返信をすることもできませんでした。

基本は電話とFAXです。FAXを持っていない人には、わざわざ買ってもらっていました。「郵送で送ってほしい！」という人に対して、「それではスピードが遅いからFAXを買ってください！」とお願いしたものです。

また、融資の環境は今のように整っていませんでしたが、基準が緩く法定耐用年数の残存期間も問われませんし、属性についてもさほど厳しくありませんでした。

当時は、あさひ銀行（現、埼玉りそな）が普通に融資をしてくれました。築30年木造が住宅ローンと同じような感覚で融資してくれたのです。

売れなかった3カ月間

話は変わりますが、私は入社して、3カ月間も不動産が売れませんでした。もともとは向いていなかったら、半年で辞めようと決めて入社しています。

報告こそしたものの、家族に相談することもなく、設備会社を辞めておきながら、勝手に大宮で再就職したのです。

そのときばかりは好きなサーフィンを封印して仕事に集中しました。

当時は千葉県に住んでいたので、埼玉県の大宮まで通勤するのが大変でした。私の実家が埼玉県の春日部市だったので「遠い」という認識が薄かったのでしょう。それでも実際は片道45キロかかりました。

3カ月経って売れるようになったのは、私が建築のことを理解していたからです。融資のことは説明できませんでしたが、現場にずっと入っていたので、建物について詳しく解説できるのが強みでした。

不動産屋はあくまでも不動産屋。建築屋ではないので、建築の知識がありません。

社長や部長の仕事ぶりを見ていると、「不動産屋って建築の知識がなくてもいいんだ!」と気づきました。「それなら建築の知識を伸ばしていこう!」と、お客さんに対して建築に造詣が深い対応をすると、自然と売れるようになりました。

私が初めて契約をとったアパートのことを今でも昨日のように憶えています。埼玉県上尾市にある6300万円のアパートでした。

ただの仲介でなく、自社が競売で仕入れた物件なので思い入れもありました。

結局は売買にはいたらなかったものの、投資家さんに自分の熱意が伝わったのだと感激しました。

最近は融資ありきですが、当時は「買いたい!」と希望されたら、とりあえず契約をしてから融資の申込みをしていましたので、購入に至らないこともよくありました。

当時の不動産会社というのは、やはり地域密着でしたし、投資物件を扱っている会社はほとんどありませんでしたので、銀行から見ても不可解だったようです。

なにしろ埼玉の不動産会社が、東京や神奈川のお客さんを連れてきたりするわけです。銀行の考えは、どこの支店も購入物件と住んでいるところの「両方に支店がないとダメです」と主張します。

そもそも、「どうして大宮の会社が千葉の物件を扱うのですか?」「なぜ東京のお客さんを連れてくるのですか?」と聞かれましたし、「ほかの銀行がダメなのに、うちに持ってきてもダメですよ!」と疑いの目をもたれ、そこをクリアにするのに苦戦しました。

投資物件を専門に扱っているので、エリアが一般的な不動産とは事情が異なり、全く地域に密着にしていません。だから毎回このような話になるのです。今では当然のことですが、当時は理解されませんでした。

そこを下手に出て丁寧に説明しました。電話だと大体切られてしまうので、直接会いに行くのです。顧客が変わり、物件が違えば、また金融機関を変えていかなければいけません。そうやって、ひたすら銀行開拓をしていました。

第2部でご紹介する中島亮さんの融資も私が開拓しました。今では中島さんも自分のパイプを築かれていますが、最初は私が茨城県の下館へ行って見つけてきたのです。「川崎にお住まいの人が下館の物件を買いたいのですが、どうですか?」と探りました。すると「どうしてこんなところで買うのですか?」と警戒されたものです。

今は首都圏の投資家さんが別の県で物件を購入するのは当たり前ですが、この辺も今とは全く状況が違っていました。

いつだって不動産投資のニーズはある

昔の方がたしかに高利回り物件はありましたが、銀行融資からしても、欲しければすぐ買える・・・というほど甘くはありませんでした。

ただし、いつの時代も「投資物件を買いたい」というニーズがあります。

不動産投資ブームとは関係なく、昔から営業マン1人に対して、お客さんは毎月新規で20人ほどです。世の中の盛り上がりとは、まったく関係ありません。

今はまだ世の中が不動産投資ブームで沸き立っているように見えますが、景気が悪くなったらなったで、それでも買いに来る人はたくさんいます。

冷え込んだときこそ大チャンスだと思って待っている投資家さんもいるからです。

かつてもそうでした。そして、また景気がよくなってブームになってきたら、また「買いたい!」という人も増えますから。

実際、リーマンショックのあと、東日本大震災のあともそこまで大きな変化はありませんでした。

震災直後には、何件か契約がキャンセルになったり、外国人をターゲットにしていたアパートは退去されたこともありました。しかし後に回復しています。

基本的に不動産投資をやっている人は、「株よりも不動産投資の方が、安定感があっていい!」という価値観の人が多いです。

家賃が下がることはありますが、ゼロにはなりませんし、半額にもなっていないのです。急に破綻しないところが不動産のよいところでしょう。

そのため景気が冷え込んでも大損はせず、あまり響きませんでした。

ここまで20年の業者人生の中で、私の知る限り、取引した投資家さんの賃貸経営が立ち行かなくなったことはありませんし、競売にかかった人は1人もいません。

平成11年、「クリスティ」に社名変更

私が入った当初、メンバーは5人でした。社長と専務、部長に先輩、そして私です。

先輩は私より年下ですが、1カ月先の入社でした。すごくエラそうな口の聞き方をする人で、心の中では「年下のくせに!」と腹を立てながらも「はいはい」と従っていたのです。

そして「絶対にコイツだけには負けないぞ!」と奮闘しました。今思えば、彼の存在があったからこそ私は伸びたのです。

それから間もなくして先輩が辞めてしまい、会社はしばらく4人になりました。

入社から2年経ち、平成11年に会社の引越しを機にスズコウハウスからクリスティへ社名を変更しました。

仕事は投資家さんばかりを相手にしているので、イギリスのオークション「クリスティーズ」「サザビーズ」が候補にあがりました。

投資家さんがイノベーションを買いに来ているから・・・、またサザビーズは有名だからクリスティーズで、「ズ」を外して、そんな理由で会社名「クリスティ」がきまったようです。

当時はよく飲み歩いていたので、「どこかの飲み屋のお姉さんの名前かな?」と思っていました。まだ横文字の社名がそれほどなかった時代でしたので、お客さんからも何回も聞き直されました。

その当時は、競売で物件を買うことも多かったです。床下に潜って大工仕事もしましたし、経理の手伝いもしまし

た。とにかく、何でもしていたのです。

会社が引っ越してからは人が減って3人になります。営業2人と社長だけの会社です。新しく人が入っても辞めてしまうので、自然と私がナンバー2のポストに就きました。

どうして社員がそれほど辞めてしまうのか？

私が入社した当時からそうだったのですが、飲んだ席で必ず喧嘩をはじめます。喧嘩といいますか、言いたいことを言い合うのです。

私はお酒を飲みませんが、酒の場での喧嘩は慣れていますし、言いたいことは言ったほうがいいという持論ですが、言いたいことを言い過ぎて、感情的になって辞めてしまうのです。

それでも他社から「クリスティって営業マンが何十人もいるらしいぞ！」という噂があり、それを聞いて会社を大きくしたら面白いだろうなという思いが沸きました。そのときに初めて雑誌の求人募集ではなく、インターネットで募集したのです。

するとパソコンが使える世代の営業が入社するようになりました。

この世代たちがメールでやり取りをするようになったので、このあたりから「ホームページを活用しないと時代に乗り遅れるぞ！」という考えに変わっていきました。

会社の成長とサーフィンの日々

その当時に入社したのが、今うちにいる西井です。今ではっきりと憶えていますが、社長が「西井は絶対に取れ！」と指令を出してきました。

西井は優秀な営業マンでしたが、私と同じく管理職になってもらい部下を増やして、より多くの営業をとるようにしました。そのあたりから急速に会社が成長しました。

とはいえ、西井は、社長と喧嘩をして一度は辞めているのです。入社して4年程で退社して、また2年程経ってから戻った経緯があります。

とくに会社が大きくなったのは平成20年です。この頃には40数人まで社員が増えていました。そのときは管理部と営業部、経理以外は全て私がやっていたので、毎日夜中の1時、2時まで働いていました。

そんな激務の中でもサーフィンは続けていました。封印していたのは最初の売れなかった3カ月だけで、それ以外はもうずっと一年中海に通っています。

私はサーフィンをやめたら「角が生えてくるんじゃないか?」というくらい機嫌が悪くなると思っています。

当時は今のようにフリーではなく会社員でしたから、朝早く行って就業時間までに戻ってきました。大変でしたが、夏は明け方の4時から海に入れます。7時まで海にいて、出社が9時半だから間に合いました。

早朝からサーフィンをしてすごく疲れるのですが、当時の小林社長は呑む度に、「俺は毎日、今日死んでもいいと思っている」とよく言っていたものです。

それは、「そのくらい俺は一生懸命に生きてるんだよ。だから、お前も一生懸命に生きなきゃダメなんだ」と諭されていたのでしょう。

小林社長からは、情熱を持って生きること、人を愛することを学びました。

私は「こんなオッサンになりたいな」と憧れました。それほど格好よかったのです。スーツもアルマーニを着こなして似合っていました。

小林社長はすごく遊びます。遊ぶといっても呑んでばかりですが、それでも仕事はきっちりやっているように私には見えました。1日1日を一生懸命に生きることの大切さは、そのときに初めて考えさせられました。

決意後、数年かけて退職

そのような熱い社長の元にいながら、離職率の高い会社でした。

社長自身が「仕事のできるやつは辞めるものだ。俺が独立したように、売れるやつは辞めちゃうんだよ」とよく話していました。

そのようにずっと言われ続けてきたので、私もそういうものかなと理解していたのですが、今は全くそう思っていません。

今は、「私は一人では何もできない。みんながいないと成り立たない」そう考えています。だから「辞められたら困る。おまえが辞めたら俺も辞める」と口うるさく言っています。

自分だけが儲けても仕方がありません。全員が稼げるようにしなくてはいけないし、会社の利益が出たら、がんばってくれた社員に還元すべきだと考えています。

さて、離職率の高い会社と説明しましたが、私自身も事情があって平成24年に退職しています。

退職を決めたのは平成19年です。その当時は経理部以外の営業部・管理部の管理職をしていました。「辞めたい」と思ったときに、考えたのは「管理職を育てなければいけない」ということです。

当たり前ですが、いきなり辞めたら迷惑をかけますから、無責任に放ったらかしにすることはできません。会社に対する、仕事に対する熱い思い、仲間に対する思いも強くありました。会社をここまで大きくした思いもあります。

それと同時に、退職しないにしても、自分が倒れたら会社が機能しないことも心配でした。

だからこそ、しっかりと管理職を育ててから辞めようと考えたのです。また、辞めるときは1人で辞めると決めていました。

そこでまず管理部に、新たに管理部長のポストをつくりました。そして、管理部が落ち着いてきたところで、営業部は自分を含めて3人の管理職で、運営する体制をつくりました。

そして、人が育ってまかせられるようになって、ようやく自分は管理職から営業に戻ることにしました。

なぜ一営業に戻ったのかといえば、管理職が退職すると、部下も一緒に辞めてしまう可能性が高いからです。辞めるとはいえ、お世話になった会社に迷惑はかけられません。

そして、「3カ月の引き継ぎ期間をもって辞めます」と伝えて、上司と部下が入れ替わりました。

そうして営業になったときに、西井から「(営業成績の)半年間勝負しましょう!」と持ちかけられました。

それに乗って、営業に力をいれたところ、管理職でない環境はラクということを実感しました。管理職は責任を問われますが、一営業なら自分のことだけでいいのです。

ましてや上司にあたる人間は自分の元部下ですから、自由に働ける環境が手に入ったのです。

そして、3カ月の予定が半年になり、気が付くと平成23年の秋になっていました。このままズルズルしてしまってはよくありません。「やっぱり辞めよう」と再決意しました。

そんな中で、敷地延長の一棟アパートの売却をしていました。売主が不動産会社ですが、間口が2mに10cm足らなかったので再建築不可だったのです。

隣がアパートなので、その敷地を少し売ってもらったら再建築できると買主さんから言われました。じつはこれまで、散々アタックしたけどダメだった・・・というのが売主の不動産会社の話です。

その旨を買主さんに説明して、アパートを買ってもらったのですが、「でもせっかくだから行ってきますよ」とダメ元でお隣のオーナーに売却の打診をしたところ、「あんただったらいいよ」と言ってくれたのです。

ありがたいことですが、それがちょうど退職のタイミングでした。しかし、そこから、分筆の手続きが始まりますし、とても放り投げられる状況ではありません。

それで退社が延びたこともあり、どうせなら、なにか伝説を残そうと思いました。

そこで、社長には「改めて3月いっぱいで辞めさせてもらいます」と宣言して、3月に8本を契約したのです。8本はその当時うちの会社で最高の契約数です。それまで7本が自分の最高記録でしたが、それを更新することができました。

3月中に決済できない契約は別の営業に譲り、「辞めていく人がここまでやるの？」と驚かれました。

そして、いよいよ退職です。それは平成24年3月でした。もともと3カ月の予定が半年に伸びて、結果的に1年いたことになります。また、最初に退職を考えてから4年が経っていました。

それまでの送別会は仲間といつも盛大にやっていたのですが、今度は私の送別会を開いてくれることになりました。

いつも送り出す側だった私が、みんなに見送られる立場となり、「もう、みんなの送別会に出ることはないのか・・・」と思い、手紙を書くことにしました。

全員1人1人、四十何人分の思いを入れて書きました。

父と新しい会社を立ち上げる

その当時、辞めた後のことは何も決まっていません。あちこちの会社からお声がけはいただいていましたが、どうするか決めかねていました。それでも一つだけ決めたことがありました。それは「3年で5億円を稼ぐ」ということです。

そのとき私は離婚をして実家暮らしをしていました。会社を辞めた翌朝に「昨日で会社を辞めたんだ」と報告しました。

父からは「どうして辞めたんだ？」「なぜ相談しなかった？」と問いただされました。

物事を誰かに相談してから決めるのではなく、自分の人生だから自分で決めなくてはいけない。人にどうこう言われて決めるものではないと思っていたのです。要するに強がっていたのです。

私の父はもともと富士銀行に勤めており、それから不動産会社に転職しています。

私は宅建の免許を持っていなかったのですが、父は宅建の免許を持っているため、独立にあたって、「辞めて俺と一緒にやらない？」と父を誘いました。

そこまで仲の良い親子ではなかったのですが、父もいつかは私と一緒にやりたい気持ちがあったようです。

父はそのとき六十代で委託勤務、会社とは1年毎の契約更新でしたから、すぐには辞められないということで、半年後に新しく不動産会社を立ち上げることになりました。

そんなタイミングで、私は1人のお客様だけに辞めることを伝えにいきました。

基本的にクリスティのお客様ですから、辞めてから自分からお付き合いすることはできません。

それでも、すごく私から買ってくれていたお客様でしたから、その人にだけはお伝えしました。

その時に「これからどうするの？」と心配されました。

私は「半年後に自分でやろうと思っています。その間はまだ決めていないけれど、どこかの会社の手伝いに行こうと思っています」と話しました。

「それならうちでやらない？」とお声をかけていただいたのです。その人は投資家さんとして不動産はたくさん持っており、事業として「不動産売買仲介会社をやろう！」と、とりあえず箱だけはつくったのですが、まだ何も動いていない状態でした。

その方にはとてもお世話になったので、助けてあげたい気持ちもあり、半年間お手伝いをすることにしました。

社員がたくさんいても、ノウハウも何もないので、「まずはホームページを作って」というゼロからのスタートでした。

果たして売れるのか疑心暗鬼だったのですが、周囲の応援もあって、私は3カ月で１８００万円を稼ぐことができました。

その後、私は7月2日に富士企画を登記して、9月には父も会社を退職して合流しています。

私はその間、別の会社でお金を稼ぎつつ、富士企画をつくったのです。もともとお手伝いをした不動産会社には「半年間でお願いします」と告げていましたが、結果として11月までいました。

そして、新しい私と父の会社「富士企画」は12月から営

それに父です。

業をスタートさせました。創業メンバーは、中下と西井、息子として親孝行のつもりでやっているわけではありません。父は経理に強く、父の存在なくして富士企画は続いていないだろうと感じています。とても感謝していますし、一緒にやってよかったと思っています。

また、営業の2人が富士企画に来てくれるまでも紆余曲折がありました。

辞める前に、小林社長から「うちが潰れるときは、お前が全員を引っ張ったときだ。だから引っ張るなよ！」と釘を刺されていました。

私も1人で辞める覚悟はできていたので、「大丈夫です！」と誓って辞めたのですが、どうしても2人と仕事がしたかったのです。

そこで半年ほど経ってから、「すみません！　やはりどうしても西井と中下の2人だけはいいですか？」と頭を下げました。

「そこは俺が引き止める筋じゃない。本人が行きたいというなら仕方がないだろう。その代わり、2人だけにしてくれよ！」と言ってくださいました。

あの時、快諾してくれた小林社長をはじめ、私を信じて入社してくれた2人には、ただ感謝するばかりです。

普段着で出勤⁉　自由すぎる会社

私の実家は春日部で、西井が桶川、中下が大宮とみんな埼玉県民です。当時も四谷に事務所があり、父が常駐していました。

しかし、みんなそこには来ないで中下の家に集まり、パソコンと携帯で仕事をしていました。場所は春日部と桶川の真ん中で都合がよかったのです。

家の広さは2LDKで、公民館にあるような長い机とパイプ椅子を買ってきてリビングに置き、そこで仕事していたのです。会社の転送電話を受けているので携帯で連絡が取れます。そして、本当に用があるときだけ事務所へ行きました。

基本的に私は出勤日を決めず、サーフィンもしたいので自由にしていました。気心知れた仲間ですから「みんな自由でいいんじゃないの？」というムードです。

仕事も普段着ですし、出勤時間も決まっていません。なにせ人の家で仕事をしていたのですから。中下の家の合鍵もみんな持っていたほどです。

みんな独身で気楽なものでした。そんな毎日が1年くらい続きました。

しかし、よくよく考えれば人の家で仕事をするのは良くありません。家に帰ったら人が仕事をしていたり、朝寝ていたら「おはようございます！」とドアを開けて入られるのが自分だと思うと、これはよくありません。

そこで体制を立て直すことにしました。まずは今の事務所に移転する際にリノベーションをして、大好きな海の雰囲気にしました。そうして、自分が通って楽しく思えるオフィスづくりをしたのです。

こうして、平成25年の夏から会社らしくなりました。インテリアだけではありません。こうなるまでに、ずいぶんと周りの人が応援してくれたのです。

銀行さんから「一緒にセミナーをやりましょうよ！」と声をかけてくださったり、「新川さん、独立したんだって？それじゃあ物件をまわすよ！」と、周りの業者さんが助けてくれたのです。

委託される物件が増えていき、売りやすい物件があるので、どんどん売れました。

なぜ委託されるのか。これは私の力もそうですし、西井や中下、ここにいるメンバーは元「クリスティ」のメンバーが多く、過去にたくさん売ってきた実績があり、ほかにも業者との付き合いもあります。

地元の不動産会社だけでなく大手の不動産会社もありますが、その人たちは自分でお客様を獲得することができないため、私たちのような投資専門会社に委託します。

お客様はもちろんですが、会社間で取引をしていても、不誠実なことをすれば2度と仕事はもらえません。だからこそ、誠実に仕事に取り組みます。

それに対して、応援してくれる人や会社があり、そのような人が周りにたくさんいるので成り立っているのだと痛感しています。

投資家さんも、一度は売買契約をして買った会社とは、同志のような強いきずなが生まれます。お互いに信頼し特別な存在になります。

また、業者同士の付き合いでも、ある一定の取引をした会社に対しては信用があります。そのような関係性の積み重ねがあるからこそ、情報がどんどん入ってくるのです。

また、最初の1年は会社を大きくする、お金を稼ぐのが重要課題でした。

会社がスタートした当時、私は役員ではなく営業で、みんなと同じように歩合制にしていました。それが半年ほど歩合で稼いだところで「これではダメだ！」とわかりました。

売れば売るだけ自分の懐にお金が入りますが、それでは会社にお金が残らないので、半年後には給料を固定して役員におさまりました。

そして、投資家さんからの問い合わせに対応して、どんどんみんなに振るようにしていました。自分でとってきたお客様の案件を営業に振って、みんなが稼げるよう、フォローに回ったのです。

今ではもう物件を売ったり紹介もしていません。投資家さんと会って話をしたり、相談に乗るのが仕事です。

今、私がやっていることはちょっと変わったスタンスなのかもしれません。自分が最前線に出て戦わなくても、会社がまわっていく仕組みを作ったということです。

仕組みというほど意識はしていなかったのですが、かつて「クリスティ」の小林社長から「みんなにポジションを与えてあげないとダメだよ」と教わっていました。

実力のある部下には責任ある立場を任せるほうが人も育っていくと思います。とにかく、そのようなことを意識して任せるようにしたのです。

そして、会社にどんどんお金が貯まってきたら、給料をアップしてあげればいいだけの話です。「今月は利益が出たから全員にボーナスを出すぞ！」と激励すればいいのです。これも自分が営業活動をしなくても会社がまわる秘訣だと思います。

社長夫人との偶然の再会

そんな中、私を一人前の不動産屋にさせてくれた古巣の「クリスティ」の小林社長がなくなりました。それは平成28年3月のことです。

最初に「クリスティ」の店長が知って、すぐに訃報の連絡が私のところへきました。

「クリスティOB会」というLINEのグループがあるのですが、そこに「小林社長が亡くなりました」と誰かが入れたこともあり、私のところへすぐ「これは本当ですか？」と確認の電話がかかってきました。私自身、社長に会いたい想いがあり、「お線香をあげにいきたい」と、みんなで話していました。

そんなときに、富士企画のある四谷の銀行へ出向く機会がありました。まったくお付き合いのない、初めていく銀行でたまたま窓口に用事があったのです。

そして、ロビーに座って待っていたら、目が合った女性がいたのです。その人の口元が「新川さん」と言ったように見えました。しかし、私には見覚えのない人なので、「誰だろう？　どちらのお客様だろう？」と記憶をたどったのですが、それでもさっぱりわかりません。

そのうち背後から覗かれている気配を感じました。そして、「新川さん」と声をかけられたのです。振り返ると小林社長の奥様でした。

本当に偶然でした。奥様とは7〜8年はお会いしていませんでしたが、そのお顔を見た瞬間に私は涙が止まらなくなりました。

奥様は、社長が亡くなってから1週間が経っても憔悴して、1歩も外に出られなかったそうです。

最初に私と目が合った人、それはお嬢さんだったのです。お嬢さんとは会社で1度だけですが、遠くからお見受けしただけで喋ったこともありません。

ご主人を亡くされて、奥様がずっと家に閉じこもっているものだから、心配でたまらなかったといいます。

その日、3月29日は天気もよく、桜がキレイに咲いていました。

お嬢さんが「今日は暖かいし、気分転換に散歩へ行こうよ。散歩がてら銀行に行こうよ。私も一緒に行くから」と誘いました。

しかし、奥様は「行きたくない」の一点張り。それでも「たまには外の息を吸おうよ！」と半ば強引に連れ出されたのです。

それにしても、どうしてお嬢さんが私のことをわかったのか。いまだにわかりません。それこそ10年前に、本当に一瞬だけしか会っていないのですから。

後で知るのですが、生前に小林社長は、富士企画のホームページを見ていたそうです。そして、この辺を通る度に「あいつはこの街で仕事をしているんだよ！」と言われていたそうです。

「あいつは社長になった。あいつに会ってみたいな」と。そして、「あいつは俺にできないことを楽しそうにやっている。あいつはこういうのうまいんだよな！」と。

それで奥様は、「それほど新川さんのことが気になるのなら会いましょうか?」と口添えしてくださったそうですが、「いや、今の状態じゃ会いづらい。もっと俺が元気になってから会いに行く!」そうずっと言い張っていたのよ、と奥様から銀行のロビーで聞かされ、私は恥も外聞もかなぐり捨てて2人で泣きました。

そして、奥様とお嬢さんと「またお会いましょう」と誓い、そのときは別れました。

この再会は、もう運命としか思えません。小林社長が2人を会わせてくれたのだと思います。奥様も同じように思っていただいたようです。

古巣の「クリスティ」を引き継ぐ・・・

そして、2回目にお会いした際に、クリスティを私が継ぐ話がでました。

再会した際には私はずっと泣きながらしゃべっていましたし、奥様も泣いていました。そのときに「(会社経営を)やって欲しい!」と言われました。

帰り道、歩きながら、「確かに誰かがやらないと無理だよな」と思いながら、誰がやるのがベストだろうと考えるようになりました。

そして、「雇われ社長でも、なんでもいいので関わらせてください!」とお伝えしました。

結局、「クリスティ」は私に譲渡されることになりました。大きなお金が動くこともあり、手続きについては、そこは感情ではないところで話してもらったほうがいいということで、銀行員だった私の父が進めました。本当に父がいて助かりました。

先述した通り、富士企画での私はお客様とお喋りをするのがメインで、営業活動はしていませんでした。

みんなもう立派に育っていますから、私がクリスティに関わっても問題なかったのです。

とはいえ、クリスティでの業務もまったく富士企画と同じで人と会っているだけです。その相手が銀行であったり、お客様であったりの違いだけです。

今の私にとっては、お金を稼ぐのがメインではなく、投資家さんを育てることが主なる課題です。

区分マンションを1つ買ってもらい、それだけで終わる人もいれば、そこから1棟アパートに進みたいという人もいます。そうした投資家さんに次の道筋をつけるにはどうしたらいいのか。ただ営業に振るだけでなく、その先も考えます。

そのような点でいえば、1棟物件を主力とする富士企画に比べて、クリスティのほうが区分マンション、戸建て、一棟アパート・マンションまでまんべんなく様々な物件を扱っています。

また、これはたまたまですが、富士企画の社員は30代が中心、クリスティは20代の社員が占めています。そして、現在、富士企画の社員がクリスティに出向いています。

会社の歴史でいえば、クリスティの方が長いですが、営業のキャリアでいえば、富士企画の営業の方が実績はあるのです。

クリスティの20代の若い営業を、富士企画の営業が管理職となり育てており、相乗効果が生まれています。最初のころは社風が違っていましたが、今は似てきているように感じます。

私がクリスティを引き継いたのが平成28年7月3日の「波の日」です。これは私の造語です（笑）。5月頃から話しをしていて、7月から業務を引き継ぎました。

最初にオフィスに出向いたとき、社員は私が退職した当時と同じ40人ほどでした。当時から残っているのは数人だけです。


そこで感じたのは、オフィスがシンプルすぎて、居心地が悪く感じました。そこで壁のクロスを一面だけレンガ調に貼り換えました。それだけでも空気が変わると思ったからです。

事務所がつまらなくて、行ってもすぐに帰りたくなるほど居心地が悪かったのです。

しかし、かつてナンバー2だった私が退職しても、生き残ったのですから、会社としてのブランドがあるのでしょう。

このような言い方をしてはよくないかもしれませんが、不動産投資系にはレベルの低い会社も多く、儲け優先で倫理観が欠如した会社もあります。

それに比べてクリスティはブランドも信用力もあります。

かつて、小林社長がよく話していました。

「自分たちだけが儲かってもしょうがない。お客様にこそ儲けていただかなければいけない。だから、極力お客様の目線で物事を見てあげるのが大切なんだ。

それを素でやればお客さんは成功して、自然にもう1棟買ってくださる。

営業だから数字には当然こだわらなければいけないが、お客様目線に立つことを実践すれば自然と売れるようになるし、自然とリピーターも増えていくんだよ」

この考えを引き継いで、今は全員で一緒に上がろうと思っています。

全員というのは自分のまわりにいるすべてです。会社に勤めてくれているメンバーもそうですし、お世話になっている銀行や、なにより投資家さんの皆さん。せっかくのご縁があって、つながりを持てた皆さんと共にどんどん上がっていきたいのです。

自分たちだけがうまくいっても面白くありません。引き継いだ「クリスティ」も、父と立ち上げた「富士企画」も皆さんと共に成長します。

みんなに儲けてもらって、「あのときはこうだったよね、ああだったよね」という話を一緒に言えるのが私の理想なのです。

明日やろうは馬鹿野郎

「はじめに」で「仕事も遊びも一生懸命」が私が軸にしている言葉であることを伝えましたが、「明日やろうは馬鹿野郎」も私にとって大切な言葉で、口癖のようによく言っています。

こちらは、2007年に放送されていた「プロポーズ大作戦」というドラマで、主人公の好きな人のおじいちゃんの言っていたセリフです。

その人は「言いたいことがあるなら今すぐ伝えるべき。明日やろうは馬鹿野郎だ」と言っていました。

言いたいことはもちろん、仕事でも遊びでも何でも、行動にも移すべきです。また今度伝えようと思って居るうちに、相手がいなくなる場合だってありますから。

読者の皆さんは「生んでくれてありがとう」とご両親に伝えたことはありますか？

「大切な人に伝えたいことが伝えられなかったら絶対後悔するし、とにかく言いたいことはその日に伝えないとダメ！　好きなら、好きといえ！」

そんなことを人に言うようになっています。

ご縁があり、2018年の1月から「市川うらら83・0MHZ」にて、ラジオ番組『新川義忠の明日やろうは馬鹿野郎』（第1・第3土曜日23時半〜）のDJを広報の白鳥つばさと共に担当しております。

このラジオ番組のタイトルは「口癖の明日やろうは馬鹿野郎でいいんじゃないですか？」と、中下に言われて決めました。

　また、私は「富士企画」をスタートさせて以来、時間の自由を手に入れました。そこから、あえてこれまでの人生でやったことのないことにチャレンジしています。

　ダブルフルマラソンやトライアスロン、スパルタンレース、5時間耐久リレーマラソン、富士登山などなど。

　とくに6年前から続けている滝行は、年に一度、毎年1月の恒例行事だったのですが、今年は毎月やっています。そして、平成か令和に変わりゆく今年をもって滝行は卒業する予定です。

　その代わり、またこれまでしたことない何かにどんどんチャレンジしていきます。こうして、経験したことのないこと1年に一つずつ経験していきたいと考えています。

・明日やろうは馬鹿野郎
・仕事も遊びも一生懸命
・やったことないことやってみよう

　この3つの言葉が今の自分の軸になっています。

　ちなみに「仕事も遊びも一生懸命」の記念日を太陽が一番長く出ている日である夏至の日としました（2019年6月24日でした）。日本記念日協会より認定も受けております！

　年に一日くらい仕事前に思いっきり遊んで、仕事してからまた遊んでクタクタになる・・・そんな一日の過ごし方があってもいいのではないでしょうか。

白鳥つばさコラム①

なぜ私は踊るのか　白鳥つばさ

ダンスを始めたのは5歳頃。幼いころはボーっとしている子で、いつも1テンポ遅い子だった。突然変異したのは小学校4年生の夏。怒られるより褒められたい一心で、先生の言う通りに踊った。褒められた。嬉しい。もっと頑張ろう！

とにかく前へ前へ、センターへと、上を目指した。14歳の時に選抜され、今は無き、新宿コマ劇場やシアターアプルの舞台へ立った。

スポットライト、観客の視線、喝采。すべてが私を興奮させた。私は舞台で緊張したことがない。観客の顔をじっくり見ている。「どうだ！勝負だ！」と負けん気の強い子だった。

今でも覚えているのは、死ぬなら舞台で演じきった後に突然倒れたい！

舞台で生きて、舞台で死にたい！

と本気で思っていた。それだけ舞台を愛し、踊ることで生きていることを実感していた。

私にとって踊りとは「呼吸」のようなもの。きっと言葉よりも饒舌に伝えられる気がする。

26歳でダンサーに区切りをつけ、不動産業界へ飛び込んだ私であるが、何かにつけて私は舞台をつくっている。

そこが会議室でも、カラオケバーでも観客が居れば私の舞台。

この瞬間に死んでもいいように踊り狂う。

だからいつでもどこでも妥協はできないのです！

第2章

成功投資家さんの共通点

第2章では、成功投資家さんの共通点を検証していきます。
投資家として成功するためには、どんなことができればいいのか。
必要であると思うポイントを私なりにまとめてみました。
ぜひ、参考にしてください。

1 成功のポイント 目標が明確

第1章では、不動産投資における成功の定義についてお話ししました。この章では成功している投資家さんに共通するポイントを見ていきましょう。

まずは不動産投資という手段を用いて何を実現したいのかという「目標」を明確にしていることが挙げられます。

ここでいう目標とは、何でも構いません。

私が本書でお話をお伺いした投資家さんは、すでに何棟も所有して多額のキャッシュフローを得ているため、「これ以上増えなくてもいい」「良い物件があれば買いたい」というスタンスの方も多くいました。

もしくは購入物件を次世代へ継承することに注力されている投資家さんもいらっしゃいました。

ただ、そうした投資家さんでも、投資初期のころはしっかりと目標をつくって、それに向かって邁進しています。

また、目標はその時々で変化もしますし、行っている投資手法もガラリと変わっているケースがあります。

ですから、目標やそれを達成するための手段は柔軟に変化していくことを前提として、その時々でしっかりと立てる必要があるでしょう。

その際には、「自分に何が合っているのか」「何を求めているのか」も大事な要素です。

第1章で述べたように不動産投資に正解はありませんから、自分自身がどう動いていくのかをしっかり決める必要があり、それは誰かに教えてもらうのではなく、「自分の心に繰り返し問いかける」しか方法はないのです。

2 成功のポイント パートナーを大事にしている（家族）

パートナーとは、一般的に配偶者はもちろん、両親や子どもなどの家族を表します。

そして不動産投資におけるパートナーとは、不動産会社、リフォーム業者、銀行、税理士といった対象を含みます。そうしたパートナーを大切にして、うまく巻き込んでいる投資家さんは成功している傾向があります。

なかでも夫婦の場合、お互いに年収で支え合ったり、次の物件を互いに探し合ったりすることもできます。

役割分担としては「夫が購入、妻が管理」というパターンがもっとも理想的だと感じます。基本的には「片方が攻め、片方が守り」というイメージです。

しかし、多くの投資家さんは大半の役割を夫、妻のどちらかが担っています。もちろん、それで成功されている方もたくさんいます。

ときどき「妻に内緒で物件を買いたい」と言う人がいます。間違いなく反対されるから、先に買ってしまって事後報告をしようと考えているわけです。

しかしそのような場合、私は奥さんを説得するようお願いしています。

配偶者が無断で数千万円、場合によっては億単位の借金をしていたら、相手はどう思うでしょうか？

夫婦の信頼を傷つける結果になるかもしれません。この部分を「自分の妻は大丈夫だ」などと安易に考えている人があまりに多いと感じています。

現実には、配偶者に内緒で物件を買う人は珍しくありません。特に区分マンションの場合、連帯保証がなくても買えてしまうので、その傾向は強いといえます。

いくら区分マンションであっても、不動産投資と伝えると反対されるケースは多々あります。

私の経験でも、連休前などに物件を買いたいと言っていた人から、連休明けに連絡がきて「親戚や知り合いに相談して、やっぱりやめることにしました」というような例がいくつもありました。

特に正月は、夏休みなどの連休よりも親戚が集まりやすいので、考えを改める人が多くいるのです。

つまり、誰かに相談すれば、反対される・・・それが不動産投資です。

ですから、反対されることを覚悟して、まずは配偶者に伝えて、勉強してもらいましょう。

借金の伴う不動産投資をリスキーに感じるのは、一般の感覚としては正しいと思います。そこで、メリット・デメリットなどを伝えて理解を得ましょう。

一緒に勉強することができれば一番だと思いますが、少なくとも反対ではなく見守り程度のスタンスに持っていければ、投資のスタートはできます。

そして、不動産を購入してお金が増えていくところをしっかり見せることができれば、見守りから応援、そのうち協力に持っていくことに期待ができます。

3 成功のポイント　チームメンバーを大事にしている（チームづくり）

不動産投資では、不動産会社やリフォーム業者、銀行、税理士などとチームを組んで行うことが成功のカギを握ります。

成功投資家さんはこれらのチームメンバーと非常に良好な関係を築いています。

ここで大前提として重要となるのが、「発注者意識を捨てる」ということ。「こっちはお金を払っているんだから、問答無用で従うべきだ」という姿勢では人はついてきません。

相手があって、自分がある。「使う」ではなく「助けてもらう」という感覚がないと、良いチームはつくれません。

例えば空室があった場合、管理会社に何もかも任せきりにするのではなく、「自分ができることは何か？」と考え、「決断や指示のスピードを早くし、少しでも円滑に仕事をしてもらうようにする」という動きをすることです。

例えば修繕をするときも、いろいろな本を読んで「見積もりを複数社から取る」（相見積もり）と書いてあると、そのとおりに進めたがるのです。

しかし、相見積もりには注意が必要です。状況によっては見積もりを取るまでもなく即対応しなくてはいけないのに、マニュアル通りにしか判断ができず入居者や管理会社に迷惑をかけることもあります。

また、私もそうですが、業者のなかには相見積もりを嫌がるケースもあります。それは、相見積もりが業者を安く叩くために行われているからです。

見積書を作ってもらうということは、その分業者の手間をかけさせていることです。相見積もりをとるのであれば、それを業者にあらかじめ伝えたほうがいいでしょうし、信頼関係ができてからはその一社に任せたほうがうまくいきます。

最初から上手に立ち回るのは難しいかもしれませんが、相手の立場も理解したうえで協力体制を築くことが大切です。

くわえて投資家さん経由でリフォーム業者の紹介では、トラブルに発展することもあります。

価格が安い業者があったとして、その安さの理由がわかっていればいいのですが、仕上がりや工期のずれなどが問題になることもあります。

さらに安い業者であっても、それが多くの人に知られてしまうと価格が吊り上がっていく場合もあります。

そもそも価格が安くなるのは、経験が浅い駆け出しの業者さんか暇な業者さんということかも知れません。安い分、「何かしらのリスクがあるかも」と考えるべきでしょう。

もちろん、建築知識があって、自分が現場監督をできたり、円滑にコミュニケーションができたりするのなら、トラブルなくいくかもしれません。

しかし、そうでないのなら、安い業者さんに依頼するとストレスになることが多いといえます。


なお、私はリフォームに関して「感性」が大事だと思っています。

現実には自分が求めていることを１００％伝えるのは難しいので、現場判断で進めることが多いわけです。

例えば、壁の色、天井、床などは要望を伝えるものの、それ以外の細かい部分は基本的に現場任せになります。

ですので、お金が多少高くても、現場が気持ちよく働けるようにすることを意識しています。

もし費用的に抑えたいのであれば、自身で心ゆくまでＤＩＹをする選択肢もあります。

ＤＩＹをしていて楽しい人は、たとえ時間的なロスが発生しても、気にせず打ち込んだほうがいいと私は思います。なかには機会損失と否定する人もいますが、それは一つの考え方であって、ＤＩＹでボロ物件を再生するのも立派な投資手法です。

いずれにしてもリフォームで成功している人は、自分のスタイルを理解しています。例えば、ＤＩＹをする、業者に一任する、自分の経験値を生かして安い業者とチームを組む、などです。

いずれにせよ、「安くできたら正解、高かったら失敗」というシンプルな方程式は成り立ちません。自分のスタイルを確立し、そして信頼できるパートナーと協力体制を築いて進めることが何より重要です。

4 成功のポイント 自分が大切なものを理解している

第1章でもお伝えしましたが、お金を稼ぐことが幸せに直結するわけではありません。

私は、年収1億円の人がいたとしても羨ましいとは思わないのですが、その理由は「自分ならそんなに使いきれないから」です。

不動産投資は、融資を受けて行う性質上、年収が高い人、社会的地位の高い人が多く参入しています。そのせいか、点数主義的な文化があり、前述のマウンティングのようなことがしばしば起こります。

しかし、幸せの本質は人と比べても見出せません。

本章の初めに書いた成功の定義に戻ると、自分が何を成し遂げたいのかという目的を明確化し、そこに向かって邁進できることが大切なのです。

私がこれまで出会った成功投資家さんは、不動産投資を楽しんでいる人が多いといえます。

自分の好きなこと、大切にしていることがしっかり存在し、そこに関して揺るぎない気持ちを持っています。言い換えれば「芯がある人」ということです。

そして同時に、私のモットーである「明日野郎は馬鹿野郎」、加えて「仕事も遊びも一生懸命」というマインドを持ち合わせています。

成功投資家さんは、マウンティングをしてきませんし、謙虚で勉強家です。物件の規模や借金の多寡などの「数値」に振り回されることなく物事を考えられる人です。

幸せを実現するなら、数値以外のことを意識すべきだと私も思います。

白鳥つばさコラム②

広報としてのお仕事

白鳥つばさ

広報の職についたのは約2年前。

それまでは物件調査や契約業務。営業も少しやっていた。ただしっくりこなかった。割とそつなくこなすタイプ。仕事としてここまでやろう、頑張ろうという気持ちはあった。ただ仕事とプライベートはきっちり分けていた。


会社の転換期に、クリスティを辞めたいと社長の新川に告げた。自分の居場所がないような気がしていたからだ。でも、本当はまだ辞めたくないから大泣きしながら・・・。

話し合いの結果、広報として再スタートしようと提案された。


社長のサポートをしながら、広報のエキスパートを目指す道。広報の仕事自体、よく理解していなかったが、なんだかワクワクした。この感覚を大切にしている。

楽しそう、面白そうと思われること。気になる人、気になる会社こそ、私たちが目指している姿。営業会社なので矛盾かもしれないが、トップを目指していない。むしろ顧客とは寄り添って横並びでいたいと思っている。

社員同士もそうでありたい。部署や役職関係なく、人間同士で付き合いたい。それが、新川義忠の作り出す会社。

常識の外側を模索していく社長とワクワクしながら人を巻き込んで輪を大きくしていく。真剣にふざけている、これが私たちのスタイル。
「白鳥つばさ」はクリスティ・富士企画でしか生きられない。
仕事であるが仕事でない。「仕事も遊びも一生懸命！」
あぁ、誰かさんの言葉が体の奥底まで染みついている〜。

第3章

5つの「大家力」を身につけよう

第3章では、不動産投資の成功に欠かせない「5つの大家力」について解説していきます。

5つの力とは「決断力」「行動力」「持続力」「対応力」「発想力」です。
これは具体的にどのようなパワーなのかを具体的に説明いたします。

1 決断力（決断する力）

不動産投資では、決断するシーンが多く存在します。例えば、「この物件でいいのか」「どんな融資を引くのか」といったような判断を求められるのです。

ただ現実には、決断力がない方も多くいるものです。

私のもとに来る方々のなかでも、最初は買うつもりで来るわけですが、結局買わない人もたくさんいます。

私の会社では、無理やり売りつけようとはせず、背中をポンと押してあげるイメージでお客さまに接しています。

不動産を買うときは、特に初心者であればなおさら、金額が数百万円だったとしても決断するにはパワーが必要になります。

また購入後も、「管理会社をどこに頼むか」「家賃をいくらにするのか」「空室になったら、家賃を下げてでも埋めるべきなのか、それとも家賃をキープするために修繕費をかけるべきなのか」・・・このように、同じ状況下においても選択肢がいくつもあるので、決断する場面が減るわけではありません。

ただ逆に言うと、決断さえできれば不動産投資ほど手間のかからない事業（副業）はないといえます。

例えば、1000万円かけてラーメン店を開業するのと、1000万円で不動産投資をするのを比較すると、圧倒的に不動産投資のほうがやることが少なく済みます。


もちろん、最初の「買う」という決断は、誰でも簡単にできるものではありません。

あるとき、私のもとに懐かしいお客さまがやってきました。10年ぶりの再会です。その人に近況を尋ねてみたところ、「物件を1戸も買えていない」ということでした。どうやら10年間ずっと探し続けているそうです。

そこで私は言いました。

「10年間探して買えていないなら、不動産投資は諦めたほうがいいかもしれないですね。でも、せっかくきてくれたのですから、この物件がとても良いのでご紹介します」

その人は結局その物件を購入したのですが、その後は次々と買えるようになったのです。

このように、誰でも最初の物件を買うときはなかなか決められず、過度に恐怖を抱くものです。その根本には「もっと良い条件の物件があるかもしれない」という〝欲〟が潜んでいます。

しかし、この欲にとらわれていては、いつまで経ってもスタート地点には立てません。

2 行動力（行動を起こす力）

不動産投資関連の本をたくさん読み込んで、ノウハウコレクターになってしまう人もいます。また、セミナーに参加してモチベーションを上げるものの、それで不動産投資をやった気になって、その後の行動に移さない人も大勢います。

これらに共通するのは、「インプットだけ一生懸命やってアウトプットをしていない」ということです。物件を買うことは非常にシンプルなのですが、難しく考えて情報過多な状況に自らを追い込んでしまう人が実に多いのです。

「シンプルに考えればいい」という意味では、不動産の営業マンにも同じことがいえます。

よく営業マンは「提案できる物件が少ない」と愚痴をこぼします。

しかし、日々行う物件の案内の際、お客さまと駅前で待ち合わせするわけですが、少し早く着いて駅周辺の不動産屋に「何か物件ないですか?」と回っていれば、必ず情報が入るようになります。決して難しい話ではないのですが、大半の営業マンは長続き出来ないのです。

これは不動産投資初心者の方々にもいえることです。

アットホームでも何でも一つのサイトを根気よくチェックし、行動に移せば買うことは難しくありません。第2部で紹介する松田淳さんも「アットホームを1日3回見るだけで掘り出し物が見つけられます」と言っていました。

これも、今すぐ・誰でもできることなのですが、実際に行動に移す人は皆無に等しいのです。

そういう意味では、私の本を読んだりして、私のもとに来てくれる人はすでに行動力があるといえます。私自身は、たくさんの本を読んでいますが、「この人に会いたい!」と思ったとしても行動に移したことはありません。

これが実際に会いに行ける人は、行動力があるので成功する可能性は高いと思います。行動することは非常に大切です。動けば答えが出てきて変わります。

3 持続力（長く続ける力）

不動産投資における持続力とは、一言でいえば「時間が解決してくれる」ということです。

不動産投資を長く続けていれば、残債が減っていきます。そのため、仮に失敗した物件を買ったとしても、残債が少なくなっていれば損切りができるのです。「得はしないけれども逃げ切れる」というイメージです。

また、別の事業や物件で補填できるのも不動産投資の魅力の一つです。

つまり、諦めさえしなければ、物件の価値が劇的に向上することは難しくても、トータルの収支をプラスに持ち込める可能性は十分にあるのです。

むしろ私は、短期間で儲けること自体が間違っていると思っています。

今後も○○スキームなどと呼ばれる手法は出てくるでしょうが、不動産投資で短期的に大儲けできるといったことを謳うものは疑ってかかる必要もあると思います。

たとえ初めて買った物件が利益をほぼ生まないような〝失敗物件〟であったとして

も、10年単位で持ち続ければ、他の物件での収支を合算すると、個人の成績としてトータルではプラスになることはよくあります。

特に賃貸経営の初期では、減価償却など税金面で得をするので、帳簿上は良くないとしても実際は儲かっているパターンも珍しくありません。

少なくとも残債は減っていくので、貯金しているよりかは儲かるでしょう。また、タイミングがよければ売却益が出る可能性もあります。

誰もが羨む物件を買う、誰もが羨むキャッシュフロー出す、誰もが羨む利回りで賃貸経営をする・・・こうしたことの難易度は高いでしょう。

しかし、プラス収支で運営し、銀行から「頑張ってますね」と思ってもらえる数字を出すことは、実はまったく難しくないのです。

ただ、そもそも無勉強で、致命的に欠陥のある条件で買ってしまうと、後から回復させるのが困難になる恐れもあります。

たとえば金利4・5％は高いと言われていますが、利回り20％あれば問題なく支払っていけます。

これが利回り8％程度の物件を金利4・5％で買ってしまえばリスクは大きくなり

ます。でも、数年黒字で稼働して、その後、借換えて金利1％にして収支をリカバリーした人もいますから、たった今の収支が悪くても、今後にどのような展開をしていくのかは、本当にその投資家さん次第といえます。

また、そうした失敗物件を買っている人は、往々にして高所得者なので、不動産のマイナス収支がうまく節税につなげられていれば、不動産投資では失敗しても、税金を取り戻したという意味では成功と考えてもいいのではないでしょうか。

不動産投資家さんのなかには、株式投資をしている人も多いです。しかし、株式投資は相場をチェックする時間が必要ですし、いくら研究しても成果に結びつかないことが多々あります。

一方、不動産投資はシンプルで、空室を埋めればお金は入ってくるし、売るときも稼働率が高く家賃が高ければ高く売れます。

もちろん最低限の勉強は必要ですが、少しの工夫で空室を埋めたり、家賃を上げたりできます。自分の頑張りで何とかなる。それがモチベーションの向上につながりやすいとも言えるでしょう。

私の話をすると、収益物件の世界で続けていけたのは、最初に入社した会社がたまたま収益物件を扱っていたからです。

厳密にいえば住宅も扱う会社だったのですが、住宅はまったく売れず、私が入社して半年後には、収益部門に一本化することになりました。

成功投資家さんのなかには、「区分ではじめたけれど一棟へシフトした」という人が多いです。また「中古ではじめたものの、今は新築を建てている」というケースも多いです。これは時代の流れを読んでいるからでしょうか。

私がクリスティに社員として働いた時期には、ちょうどリーマンショックを経験しましたが、大きなダメージを受けたわけではありません。それまでと同じように物件は売れていました。それは在庫を抱えない仲介だからこそだといえるでしょう。

当時、融資は厳しくなっていましたが、私は顧客ターゲットを変えることで世界不況の波を乗り越えることができました。

年収制限がなかったので、極端な話、年収200万円でも融資がおりました。それが300万円、500万円と上がっていくわけですが、どの時代でもそのターゲットに合わせてビジネスをするだけなので難しい話ではありません。

現在、不動産投資に対する融資は厳しくなり、昔に比べると買えない人が続出しています。

しかし、収益物件は無理をしてまで買うものではありません。買える時代がまた来るので、そのときに動ける準備をしておくのがいいだけです。すでに物件を持っているのなら、入居率や家賃を上げる努力をしましょう。お金を増やす方法は、今の時代、実に多種多様ですので自分に一番合ったやり方で行えばいいと思います。

ですから、一度「物件を買うぞ」と決めたら、買ったほうがいいのです。できれば3カ月以内に買うなどと締め切りを設定しないと、いつまで経っても買うことができない人もいます。

4 対応力（柔軟性、コミュニケーション能力）

「不動産投資はサラリーマンに向いている副業」とよくいわれますが、その理由は自分が動かなくても事業を進めることができるからです。物件を購入さえすれば、あとは管理会社や税理士、清掃業者などに任せることができます。

しかし、仕事を発注するときは当然やりとりが生じますし、信頼関係も築かなければならないので、コミュニケーション力が求められることになります。

極点な話、不動産投資の知識をまったく持ち合わせていなくても、問題が起きたときに誰に何を相談すればいいかを知っていればいいわけです。
ですから、賃貸経営を成功させるためには、チームづくりが何より重要になるということです。

私は不動産業者なのですが、数多くの投資家さんが私のもとに集まります。他の業者もそのことを不思議がっているのですが、理由はシンプルです。

それは、「物件を売りつけようとしない」「自分の考えを押し付けない」「（滝行などの）面白いことをやっている」からでしょうか。

例えば投資家さんのなかでも、成果を挙げて有名になると、まるで〝先生〟のように上から目線で、物事を決めつけて話してくる人がいます。

しかし、私はそうしたコミュニケーションを取りません。答えは人それぞれなので、その人なりの成功に〝導く〟ということを意識しています。

5 発想力（自分でつくる力）

不動産投資では、投資家さんの得意分野で発想した戦略を打つことができます。
例えば、第2部で紹介する菊地美佳さんでいうと、ＤＩＹでどのような部屋づくりをするのか。沢孝史さんなら新築物件をどんなプランで建てるのか、ということです。

他にも次のようなアイデアがあります。

・サーフィン好きだったら、サーファー向けの物件にする
・営業マンでプレゼンが得意だったら、自分でマイソクをつくる
・インテリア好きだったら、インテリアにこだわる

というように、自分の得意分野で力を発揮できる可能性があるのです。

もちろん、「そういったものは自分にはない」ということであれば、すべて外注で任せればいいだけです。あくまで得意分野がある人なら、強みを生かせるという話です。


また、私は常に面白いことをしています。

例えば滝行も、最初は6年前に5人でやっていたものが繰り返しているうちにスタッフが全員参加し、さらには銀行やお客さま、同業他社にも広がり、今では総勢300人以上が参加しています。

他にもラジオ番組を持ったりするなど、人を巻き込んで面白いことをどんどん行っています。

白鳥つばさコラム③

お客さんからいただいたうれしい言葉

白鳥つばさ

白鳥姿の私が言うのも変だが、うちの社長は変わっている。
色黒、髭、一見シックなスーツだが裏地は色とりどりの花柄。初対面の時、派手な人だなと思った。中身もイケイケドンドン（!?）だろうと。

とにかくインパクトがある人だから目立つ。しかしそれ以上に驚きなのが、外見とは裏腹に「純真」という言葉がぴったりな人物。古風であるし、真っすぐな人。

だから誰に聞いても「新川さんはいい人」だという。あくまで個人的で偏見な意見だが、不動産屋の社長で良い人は少ない。私の経験上では、社長ともう一人くらい。
それだけいい人であることが難しい業界なのかとも感じていた。

社長がいい人であることは、会社がいいという証拠だと思っている。
それから私の姿に見慣れていない人からは「芸人さん？」「すごいね」などと言われる。

これは白鳥つばさがプロフェッショナルであることの褒美の言葉として受け取っている。

普通ならOLが白鳥の仮装して、町へ繰り出すなんて罰ゲームだろう。私は自らやっているが。
夢中に一生懸命やるだけ、これを面白いと思ってもらえることが最大の喜びになっている。

第2部

14人の達人に学ぶ
不動産投資成功の秘訣

第2部からは14人の不動産投資の達人よりどのように成功してきたのか。その軌跡から、成功するためのコツ。

さらにどのような大家力をどのように活かしてきたのか。

これから不動産投資をはじめるにあたってのアドバイスをいただきました。

第2部

ベテラン大家さん

◇ 沢 孝史さん

◇ 松田 淳さん

◇ 芦沢 晃さん

◇ 中島 亮さん

◇ 脇田 雄太さん

これまでの総投資額が27億円、不動産投資界のレジェンド

元祖サラリーマン大家こと、沢孝史《さわたかし》さん

【プロフィール】

不動産投資家。1959年静岡県生まれ。法政大学卒業後、大成火災海上保険株式会社入社。1991年に退社し、コンビニ経営を始めるが半年で廃業、再びサラリーマンとなる。1998年に数百万円の元手から不動産投資を始め、現在の不動産・売買収入合計は年間1・6億円を超える。

●著書　最新刊に栫井駿介氏、芦沢晃氏との共著『株式VS不動産　投資するならどっち？』（筑摩書房）のほか多数ある

●所有物件

所有物件15億円、太陽光発電3・5億円　これまで総投資額27億円

●得意な不動産投資手法

地方新築一棟投資

不動産投資での総投資額が27億円!!

静岡県を中心に投資を行っている沢孝史さんは、元祖サラリーマン大家と呼ばれる存在です。

2004年に発刊された『「お宝不動産」で金持ちになる』（筑摩書房）がベストセラーとなり、この書籍を通じて不動産投資を知ったサラリーマン投資家さんもたくさんいます。その実績は以下の通りです。

「これまでの総投資額が27億円で、現在所有する不動産が15・5億円。負債額が12億円、年間収入1・5億円。年間の返済額0・75億円。表面CFが0・75億円。管理コスト、空室、税金を引いた純CFが0・4億円となります。現在の不動産関連の純資産は試算で6億円。現金は2億円持っています」

と沢さん。ここまでの成功を収めるため、どのような不動産投資を行ってきたのか、時系列でお聞きしました。

第2部 ベテラン大家さん 話題の大家さん 女性大家さん 大家さんサポート

「不動産投資をはじめたのは1998年ですから、今年で22年目となります。自己資金は700万円でスタートしました。

1棟目に購入したのはハウスメーカー製の築浅ファミリー物件です。最初はど素人だったので、とりあえずやってみるしかありません。今のようにインターネットの情報も本もありませんから、準備をしていない状況でスタートしました。ただし、静岡に住んで静岡で購入しましたから、地元つながりなんで騙されるような心配はありませんでした。

1棟目を買ったときは運営方法もわからず自主管理をしたところ、思いがけない苦労をしました。

自宅から車で30分程度と近いところにある物件で、なんとかなると楽観的に考えていたのですが意外に面倒でした。

住民のクレームばかりでなく町内会から呼び出しもあり、当時もサラリーマンでしたから『これは大変だ！』と慌てました。

そんなとき近所をぐるっとまわって、地元の不動産会社に飛び込んだところ、『素人がなにやっている。自宅の隣にアパートを建てても自主管理なんてしないものだ』と説教されました（笑）。

それから、その会社で管理をみてくれるようになり肩の荷が下りました。

自主管理がすごく大変だった半面、アウトソーシングの仕組みがすごく良くできていることを知って、『不動産投資はいいな、これはいけるな』と確信したのです」

と沢さん。1棟目の物件は築浅の軽量鉄骨で築5〜6年、融資期間は15年で利回りは8%程度。建物の状態は良かったですが、収益性が特別に高い物件ではありませんでした。

不動産投資をはじめた当初の目標は、「不動産投資で年間1000万円の所得を得ること」だったそうです。

CFベースで考えて5年くらいで達成できたといいます。

「当時は今と同様に融資が厳しいタイミングでした。

借りたのは地元の信託銀行で、売買仲介の不動産会社から紹介を受けたのですが、『サラリーマンが不動産投資するなんておかしい』と不思議がられたものです。

購入前に物件に調査に行くと、その銀行の支店長が『どんな奴だ?』と、私の顔を見に来ていました。その場で支店長を説得して金利3%から2・3%へ下げましたよ

（笑）」

とは、さすがに沢さんです！

当時の融資状況を振り返れば、『クリスティ』のある埼玉県では、築年数が古くても融資期間30年間も可能でした。

「長期融資であればＣＦが出やすいですが、融資は長ければいいってものではありません。当時の私は借金をどんどん返したいと考えました。最初の物件は月の家賃収入が30万円です。それを15年で返せばその後30万円がまるまる残ります。ＣＦで豊かな生活ではなくて、ローン返済後にラクに生活が送れる。ＣＦは使ってはいけないお金・・・そんな認識がありました」

その後、沢さんは物件を買い進めますが、そこまでスピーディではなかったそうです。１棟目から2棟目は1年間空いていました。その後も自己資金２割入れたうえ、1年に1棟程度の購入ペースでした。

今もまたある程度の自己資金が求められる時代となっています。そもそも不動産投資は不動産賃貸事業ですから、自己資金がまったくなくて始めるということはありえません。

現在のりそな銀行、昔のあさひ銀行では自己資金3割が当たり前でした。それくらいのお金を貯められない人はお金の貯め方から訓練したほうがいいでしょう。

さて、そんな沢さんにご自身の5つの大家力について解説いただきました。

① 決断力

まず、決断力について、沢さんは次のように述べています。

「自分自身、なんでもパッと決めすぎるきらいがあります。

不動産投資をはじめたばかりのころ、2棟目くらいまではしっかり見に行って購入していましたが、懇意にしている地元の不動産会社の担当者がいうことは間違いないと判断しました。

そこで、3棟目から彼から電話がきて「場所どこどこで利回りが○%」と聞いた段階で、購入を決めていました。

信頼関係があったうえで自分には土地勘もありますから、その場で「買うか否か」を決めることができたのです。

これは人を見る力が合わさっての判断だと思います。誰に対しても信頼しきって一任してしまうのはリスクがあります。

また、ドミナント戦略をしていると相場がわかるようになるので物件情報が出たら、売主さんにいくらまで下げられるか口説けるようになります」

この話から沢さんと当時の不動産会社の担当の間に強い信頼関係があることがうかがえます。

不動産会社とその顧客という立場で「あなたにまかせた」と信頼されると、これまで以上に不動産をじっくり見るようになります。その関係ができたら理想です。

② 行動力

沢さん自身は、必要に迫られないと動かない性格だといいます。

不動産投資をはじめた当初は仕方なく自主管理をしたもののトラウマになり、その後は信頼できるパートナーを見つけるために行動するようになったそうです。

「ただし、どうしてもアウトソーシングできない部分もあります。ある物件では駐車場が足りないため、敷地外に借りていました。ところが急に『来月には出てくれ』と言われてしまいました。これでは入居者が困ってしまいます。不動産会社に電話して、まわりに駐車場探したものの募集がありません。

駐車場は不動産会社に管理をまかせていないケースもありますから、近隣を歩いてまわって駐車場に設置してある看板に電話してみましたが、やっぱり空いていません。するとすぐ近所に看板のない駐車場もありました。個人がいっても信用されない恐れもあるため、管理会社にお願いしてオーナーさんに話をつなげてもらったところ、駐車場を必要台数分確保することができました」

結果的にはパートナーの力を借りながらも、解決の糸口をつかむまでは大家さん自身が行動したという好例です。

沢さんは、いくら管理を任せているといっても、オーナーはいざというと動かないといけないと考えていいます。
この話はオーナーと管理会社が、良い関係を築けていることがよくわかります。

③ 持続力

沢さんの不動産投資は自分の意思ではじめたものの、途中からは物件情報がどんどん飛び込んでくるようになったそうです。

「振り返ると、最初の2、3棟は自分が欲しいと思って購入しました。しかし、その後の4~5棟は『いい物件ですよ』という担当の営業マンの言葉を信じて買ったようなイメージ。気が付いたら不動産投資が持続していました。

初期のころは築浅アパートを中心に中古物件を購入していましたが、その後、高利回りの物件が減ってきたことから、2007年より新築投資をはじめました。
新築も最初の2棟は自分で土地探しをしていましたが、3棟目からは『こんな土地

があります よ』と、情報が自動的にやってくるようになりました。
今も新築を建てていますが自分で土地探しはしていません。私が買ってくれるだろうと考えた建築会社がローラーでまわって見つけれてくれます」

と、沢さんは言います。

1、2棟目で自分のチームをつくりあげれば、3棟目から仕組みが動きはじめてくるため、3棟目は持続する環境が整うということです。

「地元の不動産業者さんも、高く買ってくれる都会の投資家に物件を売るような三為業者に物件を卸していた時期がありました。

しかし、投資家がしっかり儲けられるような物件を売ることができれば、その投資家はリピーターになります。

何年か経って資産の組み換えもありますから、そこでの関りも持てるわけです。そうやって途切れず付き合っていければ、お互いにwin-winで継続できるのです。

こうした共存共栄の考えがとても大切です。自らの利益ばかりを追求して、投資家を殺すような会社は長く続きません」

私自身の考えとしては、たしかに強引な営業をする会社、利益を大きく乗せて物件を販売する会社など、様々な会社があることは熟知しています。

しかし悪い会社ばかりではありません。誠実に投資家さんのことを考える会社も必ずあるので、そうした会社とぜひ良いチームをつくって、不動産投資を持続いただきたいと考えています。

④ 対応力

沢さんの考えでは、「時代への対応力」がもっとも大切だそうです。

「不動産投資をはじめたときは、購入した物件はずっと所有するつもりでした。それが市況が変わり、相場が上がりはじめたので、売却を織り交ぜていくという風に方針転換をしたのです。

どのように不動産投資を進めていくのか。プランがあるなかでも、予想以上に世の中の流れが変わる場合も多々あります。

どんな商売でも採算ラインの基準がありますし、事業をはじめるなら、その事業の利益の計算ができないといけません。

自分なりの基準を持ったうえで、それより安くなったら買えばいいし、例えば『10年分の収益がもらえるなら売ったほうがいい』と判断するのでもいいと思います」

そうやって、時代の変化で判断して行動を変えていくのが肝心です。

沢さんのケースでは、ある時点から中古物件があがりはじめて、採算がとれない金額になり、中古物件を購入するのを諦めたそうです。

そして、新築で収支計算したところ、むしろ採算が合うことがわかり、新築物件を土地から仕入れてプランニングする方向へ動きはじめたそうです。

今では新築RC造マンションは自身でプランニングして建築するのに加え、業者の企画した木造新築アパートも購入するという投資スタイルを実践されています。

また、対応力には時代への変化への対応と共に、対人関係もあります。

「人同士のコミュニケーションについていえば、自分をお客さんだと思ったらダメです。取引のある業者さんに対してはパートナーの意識が必要です。

また大家さんの中には要求の多い人も見られます。人を教育するのは難しいこと。できれば、その人のありのままを受け入れて、その人なりの頑張りを見るようにしましょう。期待値を上げ過ぎるとうまくいきません。

管理会社で担当者が交代して、新人になったら物足りなく感じることがあるかもしれません。人が変わってレベルが落ちたことを責めるのではなく、レベルが落ちても、どうやってフォローしたらいいか考えましょう。

そこで怒って損するのは大家です。コミュニケーション取り方は意外と難しいですが、とくに自分より年下に関しては友達感覚でお付き合いできるような関係が理想です」

私は業者側の立場ですが、やはりお客様である投資家さんと友達のようにお付き合いができるのが理想に感じています。

⑤ 発想力

沢さんは土地からの新築物件をプランニングする際、どのような間取りが良いのかよく考えるそうです。

1階ベランダを一部カットして、駐車場を広げたり、2階以降のベランダも半分のサイズにして窓際にベッドを置けるよう間口を確保したり、いかに入居者さんが住みやすいかを追求します。

「建築会社は住みやすさではなく、つくりやすさ一番に考えます。たしかに計算上は部屋数増やせば利回りがあがりますが、そこを入居率で計算すると利回りの追求が裏目に出ることがあるのです。

今、新築では木造3階建てが流行していますが、高利回りでも競争力のない物件になってしまい、しかも、そのような特徴のない物件が大量供給されて家賃相場が崩れる・・・という負の連鎖が起こっています。

だったら利回りはそこまででなくても、他が真似できないもので勝負したほうがいい・・・それが商売の基本であり、私のプランの考え方です。

同じ間取りで同じ平米数であっても、いかに有効な居住スペースをつくるかが勝負です。

実際に住むとなると、壁がどこにあるのか収納はどのようになっているか。そういったことが大事です。

何も難しいことではありません。自分が住む気持ちになれば普通にわかることばかりです。レストランでは同じ食材でも、調理の仕方で味が変わり、『売れる・売れない』があります。それと一緒です。

自分で住むことを前提としてつくった物件とそうでないのは明らかに違います。そこは『住空間』というサービスを提供している自覚があるかどうかにも関わってきます」と沢さんは言います。

不動産投資の側面から数字ばかりに注力しがちですが、人が住む家を提供している大家業であることを常に意識したうえで、より良い住まいの提供に努める。

とてもシンプルですが大事なことです。

最後に、読者の皆さんへコメントをいただきました。

「時代が変わり、適応力と柔軟性が求められるようになりました。

今からはじめる人はむしろ有利だと思います。ネガティブな情報がたくさんある分だけ、失敗のしにくい環境が整っていると思います。

なにがネガティブなのか。その部分を避けるにはどうしたらいいのか。失敗例をその判断材料にすればいいでしょう。

融資を受けるのが厳しい時代、緩い時代、どちらも繰り返すものです。融資をなんとかしたい・・・そのように考える人も多いですが、いきなりゴールにたどり着けるような道は基本的には存在しません。くれぐれも脇道にそれないようにしましょう。脇道にはトラップがいっぱいあります。

お金を借りるなら自己資金をつんで良い物件を買うのが王道です。

『自己資金・信用・物件』、この3つがあればいつの時代でも不動産を買えます。不正を行って良い物件は買えません。お金を貸してくれる＝良い物件ということはありません」

沢さん、貴重なアドバイスありがとうございました！

買えなければ買わずに待つという選択肢もあります。マジメにしていれば良い物件が飛び込んでくることだってあります。昔から不動産は縁のもの。買えるときは買えるので焦りは禁物です。

平均利回り30％！
ブレない確実な戸建て投資を実践

NSX松田こと、松田《まつだ》淳《じゅん》さん

【プロフィール】

ホームセンター勤務時代に年収400万円台ながら、アパート経営と巡り合い、わずか数年で約3億円の収益不動産を購入。30歳そこそこで会社を辞めて「経済的自由」を実現。巧みなセルフリフォームでの物件再生に定評がある。

●著書『元手300万円で資産を永遠に増やし続ける方法』（ぱる出版）

●ブログ『NSXアパート経営』http://plaza.rakuten.co.jp/jm48222/

●所有物件

マンション1棟　アパート6棟　戸建て7戸　65室

妻　アパート2棟　戸建て10戸　22室

合計マンション1棟　アパート8棟　戸建て17戸　87室

●得意な不動産投資手法

セルフリフォームでの戸建て再生。ジモティーを上手に活用した客付け・自主管理

「ジモティー」を使った確実な戸建て投資で平均利回り30％！

1都三県から北関東を中心に物件を所有する松田淳さん。千葉、埼玉・神奈川・東京・茨城・栃木と関東広域に展開されていますが、なぜか群馬だけは相性のいい物件に出会わなかったそうです。

また、アパートやマンション経営もされていますが、圧倒的に戸建てを、しかも自主管理を好むのが特徴です。

そんな松田さんとの出会いは、2004年に毛呂山町（埼玉県入間郡）のワンルーム4世帯、利回り17％のアパートをクリスティで買っていただいたことです。

「その当時の私は、まだホームセンターに勤めるサラリーマンでした。まだ不動産投資が一般的な時代でなかったにも関わらず、武蔵野銀行から30年ローン、金利1％台で借りることができたんです。家賃収入の4分の1でも返済ができたので本当によかったです」

と、松田さん。当時、30歳で1棟目を購入してから、「NSXアパート経営」というタイトルのブログを開始されたそうです。ちなみにNSXとはホンダが生産、販売しているスポーツカーです。

NSXをこよなく愛する松田さんが不動産投資を知ったきっかけは、ロバート・キヨサキの『金持ち父さん貧乏父さん』（筑摩書房）でした。

「金持ちを父さんを読んだのですが、自分にはとてもじゃないけれど不動産なんては買えない・・・そう思いました。ところがサラリーマン投資家の山田里志さんの本『実録 サラリーマンの私にもできた！アパート・マンション経営』（かんき出版）を読んで、意識が変わりました。『これならできそうだ！』と。

それと同時にクリスティの存在を知ったんです。当時、クリスティの担当の方が、一緒に色々な物件と紹介してくれてとても助かりました。あれが無ければ本当に今の自分はないと思います。そして素早く行動することで、良い物件を買えました。不動産は価格と価値が乖離していることがあります。スピードでそれがクリアできるなら素早く動くことが大切です。NSXで高速を飛ばしたこともありますよ」

と、松田さん。私は担当ではありませんでしたが、当時は営業が数人しかいませんでしたから、同僚のお客様である松田さんのことはよく知っていました。

さて、そんな松田さんが不動産投資をはじめた当初の目標といえば、サラリーマンを卒業すること。不動産投資をはじめた2004年の少し前から勉強をはじめ、2006年の夏にはリタイヤを果たしています。

「リーマンショック前に大規模物件を購入してサラリーマンを卒業しました。そこまでキャッシュフローが潤沢にあったわけではありません。当時のサラリーマンの収入を超えたので辞めたのです。当時を振り返ると、今よりも家賃が高かったですね。その後、どんどん家賃は下がってきたけれど、新たに物件も買っていたので、問題はありませんでした」

と、松田さん。早期リタイヤするまでに苦労はなかったのでしょうか。

「そうですね。サラリーマンを辞めるまで、1棟目、2棟目を買っているときは『こんなんで辞めらるのかな?』と疑心暗鬼の部分がありました。とにかく3棟目の大きい物件を買うまで夢中で苦しかったところはあります。でも振り返ると、始めた時期がすごく良かったとは思います。情報が昔は少なくて、参加者が少なくて、自分からドンドン情報をとれれば有利になったし、融資の状況も良かったです」

とはいえ、会社を辞めたことから融資がつかなくなったので、安い物件を現金で買う方向に切り替えたといいます。

「その頃からセルフリフォームを極めるようになりました。もともとホームセンターの店員をしていましたから、工具だったり建材だったりには一般の人より詳しかったというのはあります。時間が掛かりますが、5分の1位のコストで工事ができます。こうして戸建てを安く再生する方法をマスターしたので、安い物件をどんどん増やすことができたのです」

私自身はDIYをしませんが、できる人がチャレンジするのは、とても良いと思っています。DIYは好きじゃないとできないですし、向き不向きはあると思います。

また、早期リタイヤを果たした松田さんならではのアドバイスをいただきました。

「会社を辞めたい・・・そのために不動産投資をはじめる人も多いと思います。辞めることだけ目的で、不動産には興味がないなら、厳しい結果になることも。なぜなら不動産投資だけで生きて行くのは大変だから。

賃貸経営において購入時から状況が変化することは必然です。家賃は下がるし空室率が増えるケースもあります。つまり辞めた後でも収入をあげられるのか。その辺りをちゃんと考えた方がいいです。不動産投資に興味がないと情報が入ってこないから。継続する気持ちがないと苦しむこともあります」

たしかに不動産投資が好きで、不動産投資を楽しめなければ、長く続けていくことは難しいのかもしれません。

そんな松田さんがまず持っているのは、行動力です。山田里志さんの本を読んで、すぐクリスティに連絡をいただいたこと。客付けのために『ジモティー』をいち早く使うところなどは、まさに松田さんらしい行動力です。

また、マイペースでずっと投資を続けていられること・・・持続力もまた松田さんの持つパワーだと感じます。

「ここのところの主な情報源はアットホームです。毎日3回見ているだけです。意外とこれができていない人多くて、モチベーションが続かないようです。

アットホームを見て気になる物件があれば、問合せを入れて物件調査をして買うだけ。簡単なことだけどこんな簡単なことが続けられないから、自分はまだいい物件が買えるのだと思います。一番簡単に勝つ方法なのに、なんで皆遠回りするのか分かりません。アットホームは、全国の不動産屋がいい物件を出してくれるのに・・・」

シンプルで簡単なことこそ、続けるのが難しいのかもしれません。また、松田さんは最近また競売をチェックしているそうです。

「藤山勇司さんの本が出たころから、競売市場が高くなっていきましたが、最近はまた安くなってきているように感じます。いい物件は皆が入札するから、私は変な物件だけを入札するようにしています。競売のトラブルはほぼありませんね。銀行が評価しないけど、家賃パワーがある物件を狙って、現金買いをしています。

2010年の購入ですが、茨城県の下妻で競売物件を買いました。栃木の宇都宮より家賃も高いエリアで、このエリアはお勧めですね。地方だとそういうねらい目のエリアがあります。市街化調整区域なので、税金も安いですし新築も立ちません。それでいて家賃パワーがあって入居率の変化率が少ないのでお勧めです」

このように松田さんは独自の指標で物件を購入しています。

「私が購入する物件は、他の人から見たらリスクと思われるかもしれないが、自分的はまったく問題ないです。人と比べる必要もなし、自分にあったやり方で今が一番心地良い感じです。これからの目指すところで言えば、年取ってくる内にもう少し近場の物件にしたいと考えています。今だったら1時間半位の場所で購入しているので・・・。その際に利回りは少し下がってもいいと考えています。ワンルームをファミリータイプに変更していくことも検討しています。

あとは今の状態を維持しながら、これからの時代の変化を敏感に感じて対応していきたいですね。一気には増やすことはしないし着実に増やしていきます。投資規模を100億にするとか、そういうのは望んでいません」

なるほど。松田さんらしい堅実な目標です。

最後に不動産投資をはじめる読者へのアドバイスをいただきました。

「先ほど、私がはじめた時代はよかったと言いましたが、気持ちの持ち方次第だと思います。今の時代でも問題なく始められます。まだまだ手法は沢山あります。人が通らない道を進むといいですね。

アドバイスを一言でいうなら、『リスクを取らなければリターンはない！』ということです。絶対に大丈夫でリターンを得られるなんてありません。今は物件がそこまで下がりきっていませんし、入居付けのコストもかかります。そうした中で『どんなリスクがあり、どういうリターンがあるのか？』。そこをちゃんと理解しなければならないです。

そして、『リスクを取る！』と決めなければ、始められないと思います。そもそもリスクがないと思われていたレ○パ○ス物件やカボチャの馬車が結果としてダメだったりするわけですし。

また、ノーリスクで儲かっても面白くないとも思います。そのリスクを最大限取れる人が勢いもあるし、やり切った方が成功する可能性も高いですよね」

と、松田さんはいいます。たしかに不動産投資に絶対はありません。絶対に儲かる投資なんてないわけですし、リスクがあることを前提として、それをどこまで受け入れられるか。そこが個人の判断となるのです。

「そう考えた時に、中古の戸建てを200万円で買って、教材として使うことをオススメしています。いろいろと問題はあるし、シロアリもいるかもしれません。そういうリスクを取るつもりでやった方がいいし面白いこともあります。その結果、面白い、楽しいと思えれば不動産投資をやった方がいいのではと思います」

不動産投資には選択肢が多すぎるほどあります。いきなり大きな物件に手を出してしまったらおいそれと手じまいができません。売るに売れなくなることもあります。それが小ぶりな物件であれば、成功と失敗のブレ幅が狭いので、最悪「やっぱり止めよう」となったときに撤収することができます。

「それから、人の意見を聞くのは参考程度にして、あくまで自分で学んで実践しないと勝てないと思います。自分でやっていないと難題ができた時にクリアできません。

自分で考えて行動する人が少ないから、その分基本ができれば強いです。

また、時間と共に勝てる物件もあります。ダメな物件を買っても、後からいい物件にすることもできるのです。もっと見方を変えれば可能性が広がります。不動産投資の世界にはそういうことが沢山あると感じます。そうやって勉強しながら、不動産投資をやり続けている人は結果として成功しています。

いずれにしても難しく考えることがありません。家賃相場は決まっていますから、『いくらで貸せるからいくらで買う!』これの繰り返しです。あとは貸し出すのにどの位コストが掛かるのか。その程度です。情報に惑わされず、シンプルに考えられるといいでしょう」

物事をシンプルに捉えて、前向きに淡々と行動していく、まさに松田さんらしいアドバイス、ありがとうございました!

最後に私からの補足ですが、松田さんはご夫婦で不動産投資をされています。一緒に物件を探しDIYをして、お休みの日は趣味の乗馬を楽しむそうです。

私の知る仲の良い不動産投資家のご夫婦には、松田さん夫妻をはじめ、この後ご紹介する、中島さん夫妻（P121）、菊地さん夫妻（P197）がいらっしゃいますが、本当に理想的な不動産投資の形だなといつも羨ましく思っています。

これは余談かもしれませんが、夫婦に限らず家族で協力しながら投資を行っていくというのは、そうあるべき姿なのかとも思います。家族の絆も深まりますし、その成果を共有することもできます。

「お金儲け」というより「ビジネスの成功」という部分が大きくなり、より良くするためには・・・という発想も、人一人よりは何人かで考えて協力したほうがいいアイデアも浮かぶでしょう。

私自身、富士企画は父と共に起こしていますが、親子でビジネスができることについて、初期のころはそこまで深く考えていませんでした。

しかし、今振り返れば、父の力なくしてはできなかったと深く感謝していますし、定年退職後の仕事として父も生き生きと働いてもらえているので息子として本当に良かったと思っています。

コツコツ区分マンション投資で家賃収入3300万円！

芦《あし》沢《ざわ》晃《あきら》さん

【プロフィール】

1958年　借家住まいサラリーマンの長男として生まれる。不動産、金融とは全く無縁の経済音痴、サラリーマン・エンジニアが、自宅の値下がりにより、貯金を叩いた自己資金1500万円全てを失った上、借金が残り売却できない事実に唖然。住み替えも危うい家庭の危機に直面。自分の専門馬鹿を反省し、不動産実践研究の重要性に目覚める。今の日本では、専門職業による自己実現&社会貢献と、経済的生活基盤の安定は必ずしも同次元でないことを痛感。生活防衛の為、収入の多角化、手探りの区分所有賃貸をスタート。

●著書『東京オリンピック直前版〝中古ワンルームマンション〟投資の秘訣！』（ごま書房新社）、『中古マンション投資の極意』（筑摩書房）ほか多数

●楽待コラム　https://www.rakumachi.jp/news/archives/author/ashizawa

●所有物件
区分マンション55棟56室

●得意な不動産投資手法
現金購入による区分マンション投資

区分マンション投資をコツコツ継続！

サラリーマンをしながらコツコツと区分マンション投資を続けて25年、区分マンション投資の生き字引ともいわれている芦沢晃さん。

投資エリアは京浜地区で、主に城西、城南、東京西部、横浜沿岸エリア。神奈川県の国道16号線と相模川より東のスポットに絞って投資を行っています。

年間おおよそ3300万円の収入があり、共用部の管理費・修繕積立金で500〜600万円。税引前で専有部維持費を除いた手残りは年間2500万円、最終キャッシュフローは年度によって異なりますが1500〜2000万円程度だそうです。

中古の区分マンションでここまで地道に投資をされ、かつ成功されている方を私は知りません。

さて、そんな芦沢さんが不動産投資を知ったのは幼少の頃だったと言います。

「父親が勤務していた会社の社長が社有地に借家を建てて賃貸していました。5棟10

室程度ですが、その家賃集金と入居者の世話を母親がやっていたのです。

私は子どもながら、毎月家賃を受け取っているのが『すごいな～』なんて思っていました。それがはじめて大家さんを意識したきっかけです。

我が家は社宅住まいでしたが、両親はいつも『家を持たなければ・・・』と言っていたので、誰でも普通に家を持つものだと思っていました。

当時は昭和の高度成長期。土地は必ず値上がりする資産でしたので、社会の風潮として『家を持たなければならない』と言われていたこともあり、私は社会人になった時『30歳までに家を持とう！』と目標にしていました。土地を買って家を新築するプランです。

最初に家を買ったのは独身寮を出るタイミングです。

バブル時期だったので土地付きのマイホームはとても買えませんので、中古区分マンションを選びました。なんの知識もありませんが、それなりに勉強をして３０００万円の物件を自己資金１５００万円で購入しました。残りは住宅ローンで金利は５％程度でした。

当時から不動産に関する本は読んでいました。そんな中で、（故）邱 永漢（きゅうえいかん）先生の本に出会い衝撃を受けました。

その本に出合ったから今の自分がある・・・そこが基礎になっています。お金儲けの神様と呼ばれる人で、サラリーマン労働者が個人資本家として、身軽で幸せな中金持ちになる方法を説いた、今でいうロバートキヨサキさんみたいな本です」

そうしてバブル時期にマイホームを購入した芦沢さんですが、後にこの物件を売ろうかと検討します。結果的に賃貸に出したことで不動産投資がスタートしました。

「その後、結婚して子どもができたので手狭になったこともあり住み替えを検討したのです。これまで住んでいたマンションを売って新しい家を購入しようとしたところ、3000万円で買ったマンションがバブル崩壊で1000万円以下に値下がっていたのです。

担保割れで売ってもローンが返せない、売りたくても売れない状況なので、仕方なく賃貸に出して、また自宅を購入しました。そこで自然と賃貸経営を経験できたのです。

そして、その5年後に現金でもう1つ区分マンション物件を買いました。昔買った旧マイホームはローン返済と家賃収入がトントンですが、新たに購入したのは現金なので返済が無いため、先に貸しているマイホームのローンを返しても、更に家計の足しになります。

それと同時に母の介護がスタートしました。家で母を介護するのは大変です。有償の公的サービスを受けるためにも、不動産を利用して給料＋家賃を介護費用に見合うよう増やしていこうと決めたのです」

つまり、芦沢さんはお母さんの介護費用を捻出するため、不動産投資の規模拡大を考えたのです。


「もちろん介護費用だけでなく、家計の足しになればと考えました。

しかし、そうした費用を捻出するのは、そこまで簡単ではありませんでした。というのも融資はほぼ使わず現金のみで投資をしていたため、どうしてもスピードは遅いです。最初は給料と紙系投資で補っていて、後半でようやく家賃で補えてきたイメージです。

母の介護は初期の頃はデイケアで、昼間だけ終日見てもらっていたので、月5～10万円あれば利用でき、ワンルームであれば2室あれば大丈夫という算段でした。しかし認知症はどんどん悪化していき、昼夜の徘徊なども始まってしまい家族の負担が増えてきたのです。

　そこで1週間ごとにショートステーの宿泊と、終日のデイケアを交互にケアプラを立てました。すると費用は月に10数万円を超えていきました。

　そのうち、トイレ等日常生活もままならなくなり、施設に入所することになりました。そこでは20万円以上が必要となり、医療費も合わせると60万円をこえる月もありました。

　このように母にかかる費用に合わせて、所有する区分マンションの数を増やしていきました。

　結局18年間（うち9年間が在宅）の介護生活です。

　大変ではありましたが、母の病状が徐々に悪くなっていったこと、公的サービスを使えたことは幸運だったと思います。これがいきなり重度となり、民間施設を利用することになれば、入所金だけで3000万円程度がかかりますから」

　時間はかかったものの、生活のため、介護費用を捻出するための不動産投資は徐々に軌道に乗りました。そこにたどり着くまで、もっとも苦労したのは最初の自宅購入だったそうです。

「自宅購入もそうですが、賃貸物件の第一歩を踏み出す決断をするのも苦労しました。当時はインターネットがありませんから、調査検討の方法が分からなくて効率の悪さによる膨大な時間と労力を使いました。

不動産購入のための軍資金となった主な貯蓄は独身寮にいたとき貯めた3000万円でした。家賃月額1500円の社内独身寮住まい、社員食堂で1食300円でしたので、会社（工場）から一歩も外出しない（徹夜や休日勤務で外出できない：笑）生活で、月5万円程度しかお金を使いませんでした。

1物件目で投入した金額は1500万円。不動産が増えてきても生活レベルもずっと変えなかったため、母の介護が始まったときには自己資金はまた3000万円になっていました。

株式投資もしており、毎年500～600万円位の区分マンションを現金で購入していきました。最初はゆっくりしたペースでしたが、5棟10室を超えたあたりから年に2、3戸と買うペースが速くなります。

自己資金ができたから買うのではなく、良い物件を粘り強く探しながら、見つかるまでじっくり自己資金を運用して増やし続ける方法です。

働いて頑張って貯めたこと、車も持たなかったし、保険も団信掛け捨ての安いものに加入していました。当時はまだ介護保険はありませんでしたが、いろいろ調べると地域の公的なサービスはあるので、そうやってなるべく介護のコストも下げていました。

不動産も同じですが、自分の労力と時間を使い、現場を見て、足で探せば良質で安価な介護サービスは必ず見つかります。これからは稼ぐための投資も大切ですが、守るための投資も必要であると考えます」

私自身、年を重ねており、親もまた老いてきています。まだまだ元気だと思っていても、たしかにいつ何時何が起こるかわかりません。

そう考えたとき、芦沢さんの提唱する「守る投資」の大切さが実感できます。

また、芦沢さんは成功に至る過程で、数々の幸運もあったと言います。それは具体的に以下が挙げられます。

・80年バブル当時、借金に一定のルールで臨んだこと。
・90年以降バブル崩壊期、区分マンションに限定した現金投資に徹したこと。
・2000年の底値の時期と自己資金の厚くなる時期が偶然同期したこと。

・大家さん仲間と学びながら刺激しあいアクションできたこと。

「マイホームを買ったのはバブルの頂点で物件価格が高騰していました。金利も今よりずっと高かったのですが、手元に現金を残して購入できたのはラッキーだったと思います。そのおかげで次の購入へ進むことができました。

じつは95年で一度だけフルローンで区分マンションを買ったことがあり、これはマイナスになってしまいました。この失敗から学んで以来、現金一筋です。

こうして自分なりのやり方を見つけて、コツコツと現金でゆっくりじっくりできたのも良かったです。そして、タイミングよく買い進めた時期が区分マンションの底値の時期に重なりました。

さらに言えば、沢孝史さんは偉大な存在です。私の不動産投資のお師匠様で一緒にいろいろと手伝っていたら、講師や本のお声がけなどチャンスをいただきました。

そこから多くの大家さんと知り合って、一棟投資を行っている大家さんたちからも学びを得ました」

不動産投資にはさまざまな種類があるため、沢山の手法を知ることが大切であると考えるのが芦沢さんの考え方です。沢さんや本の出版を通じて、多くの大家さん達との交流を持つことができたのはプラスになったそうです。

ここまで読んでお判りの通り、芦沢さんの大家力はなんといっても「持続力」です。25年もの間、コツコツと継続できたことは本当に素晴らしいと思います。

これからの目標、目指すところをお聞きしました。

「大家業のキャッシュフローで生まれた自由な時間を有効に使うこと。年齢を考えると、あと20年ほど。自分の最後を考えたいです。

息子がそろそろ大学を卒業しますので、継ぐのか継がないのか、息子の意思と才能次第で今後の運営方針決定が必要です。法人化をする予定もないし、規模を大きくする予定もありません。

賃貸不動産からの収入以外の人的資本による収入は、サラリーマンの給与が無くなり、個人技術士業だけになったので、以前から少しずつ続けていた株式投資、ＥＴＦなどアメリカ経済力の資産価値に裏付けされたドルのキャッシュフロー収入を増やしたいと考えています。日本国債の将来を考えると日本円だけに拘るのは危険だと考えています」

最後に読者へのメッセージをお願いしました。

「自己最適な方法、規模、時間軸で投資を行うことにつきます。現金で行う区分マンション投資をベストだと思っていません。しかし、自分にとってはベストでした。なので、ご自身のベストを見つけてはじめてほしい。

また、規模成長のスピードと難易度はトレードオフです。少し前までは速いスピードで短期間に急成長したい人達が多かったが、複利の原理を活用し時間を掛ければ、ロストレス&ローリスクでできる方法もあります。

時間がかかるのは嫌だという人も多いですが、お金がないのであれば時間を味方にすべし。不動産だから融資を利用するのがすべてではなく、現金で積み上げていくのもまた正解です。

この投資法は普通にサラリーマンで生活しながら時間の経過とともに自然に成果がついて来るのが利点です。

先輩区分投資家で、バブル期からフルローンで6億円規模以上のマンション投資を継続している方と、今の私の結果を突き合わせてみると、現金で3億円規模の私が、その方とほぼ同程度のキャッシュロー（CF）になっているのが約30年後の姿です。

その方は当初マイナスCFを埋める期間も長かったですが、私は毎月プラスCFを積上げながら定期的にお金が入って生活に即活用できたことは本当に有難いことだと実感しています。サラリーマン卒業で得た、自由な時間の価値と同じくらいそのありがたさを知りました。

ですから、仕事は安易に辞めるべきではありません。家賃収入の裏付けがあるからこそ、給与の増減を気にせず好きな仕事を自由に選択でき、それを生かして大家業の収入を更に増やすサイクルがいいかもしれません。

将来、家賃収入増が見えていて、且つ、好きな仕事ができればストレスフリーで精神的にも豊かに暮らせます。人的資本は貴重な財産ですから、そこからの収入はできるだけ活用した方が合理的です」


と芦沢さん。

私の元へやってくるサラリーマン投資家の皆さんは、一棟投資を行いたいという人が多いですが、私自身は昔から区分マンション投資も好きです。

とくに少額ではじめる区分マンション投資は、不動産投資のスタート時に向いています。

20年前に200万円の区分マンションを購入したお客様がいらっしゃいました。そこから不動産投資をはじめて、途中で一棟投資を行って10年ぶりにお会いしたところ、家賃収入は6000万円になっていました。

はじめるとき、お金が潤沢にあるという人は多くありません。少ない元手ではじめるには、区分マンション投資はお勧めです。

じつは私も区分マンションを持っています。一度入居がついたらラクです。その点は戸建て投資と似ています。

なお芦沢さんは家賃5万円以上を基準とされていますが、私はもっと安い価格帯も所有しています。

管理費・修繕費積立金といったランニングコストをネガティブなイメージで見ることもありますが、修繕積立金は前オーナーから引き継げます。そもそも一棟物件であっても管理費用、修繕費用もかかりますので、考え方次第ではないでしょうか。

地方高利回り絶対主義！ 6年でサラリーマンを卒業

中島亮《なかしまりょう》さん

【プロフィール】

個人不動産投資家。1962年、鹿児島県屋久島生まれ、中央大学法学部卒。法務博士・宅建士・行政書士、重機資格。家族は妻と娘二人。趣味はテニスと妻とのサイクリング（電動自転車）。アパート経営をサラリーマン15年目より開始し、その後6年でセミリタイヤを果たす。地方の18％程度の高利回り一棟の物件を取得し高稼働・高収益経営を得意としている。本業の不動産経営の傍ら、多くのサラリーマンに経済的余裕を持ってもらうため『中島亮の地方一棟高利回り講座』を主宰。『楽待』コラムや動画等多数　中でも指値力05が再生回数13万を超える。YouTubeで「楽待　指値力05」で検索。

●著書『手取り「年収1000万円」を目指すサラリーマン不動産投資術～絶対地方高利回り主義！～』（ごま書房新社）

●ブログ『サラリーマンだからできた不動産投資』http://ryokrsa.blog.fc2.com/
健美家　大家列伝　https://www.kenbiya.com/ar/cl/retsuden/tc-nakashima/55.html

●所有物件　18棟229世帯、家賃総額1億円、返済比率4割以下。1500万円ほどは修繕費等。入居率は93％前後

●得意な不動産投資手法　地方1棟高利回り、廃屋物件の再生

地方高利回り投資でサラリーマンを卒業

もう16年以上の付き合いとなる中島亮（なかしまりょう）さんは、北関東一円（一部川崎市を含む）に物件を所有する元サラリーマン大家さんです。

私が営業マン時代からお付き合いのある投資家さんで、お互いに目標を掲げて一緒に頑張ってきた仲なので、特別な思い出がいくつもあります。

中島さんの不動産投資歴は長く、17年前の2002年に自宅の敷地内のアパートを新築したのがはじまりでした。

最初の一棟の取得の状況は、本人によると次のとおりです。

「私が不動産投資をはじめた17年前は、サラリーマンが不動産投資をするのは極めて希でした。そこに至った経緯をいえば、1軒目に買ったマイホームが大失敗で、売却を検討したものの売却額が低すぎました。

そこで、いろいろ考えた末に、その1軒目の家を売却でなく、賃貸に出すことにして、併せて、新たに購入する自宅を賃貸併用にすることを思いついて実行しました。

その際には、既存の賃貸併用住宅を購入するのではなく、新たに購入する自宅の敷地内にアパートを建てました。それにより利益を出せました。

こうして賃貸の不動産投資の素晴らしさに気がついたのです。

なんと言ってもマイホームを購入してローンの支払いに苦しむのではなく、逆に、利益を得ることができたのですから。

昔、司法試験もかじっていたので、法律の知識、特に民法をある程度理解していたので、その意味で、賃貸に対して抵抗感はありませんでした。

また、この際に妻名義で購入しました。税法上有利なことも多く、将来的に先に死ぬのは私の方と思われたので、相続のことも考えて妻名義にしました」

そのようにして不動産投資に目覚めた中島さんから、一棟目を取得して1年経過後の2003年に、当時、私が勤めていた不動産会社『クリスティ』へ物件の問合せをいただいたのです。

これが中島さんとの出会いのきっかけです。その時の私に対する印象をお聞きしました。

「まず、不動産屋の名前で『クリスティ』というのは、正直すごく変わっていると思いました。

今でこそ、横文字の不動産会社も増えていますが、当時はまだ横文字が少なかったこともあり、ブラック企業ではないのかと疑いました。

さらに、待ち合わせ場所に来ている新川さんを見るとダークスーツに、顔も真っ黒で、怖そうなイメージでした。これは典型的なブラックの方だと、当初の疑いが確信に変わり、早期に離脱すべきでないかと悩みながらも、話をしてみると、多くの営業の方は、流れるトークで話される方が多いのに、どちらかというと、口下手で、ぼそぼそと話をされます。

その話し方と内容が丁寧で、実直で誠実な印象を受け徐々に安心しました。ただ、話があまり上手ではないのには、内心驚きましたが・・・」

と、話してくれました。

一方、私が印象に残っているのは、中島さんに不動産投資での目標をお聞きしたところ、「目標は、100世帯を所有すること!」と言っていたことです。

その時から、5年後の2008年には、その言葉とおりの100世帯所有を見事に達成されて脱サラを実現されました。

「目標を叶えるための道のりは、試行錯誤の連続ではありましたが、思ったほど大変ではありませんでした。一気に駆け抜けた感じです。

強いていえば、大変だったのは思いの外に修繕費がかかった時、融資がなかなかつかなかったことでしょうか。その時は、少しへこみましたが、それでも辛くはなかったですね」

と、当時を振り返ります。

そんな中島さんの持つ大家力は、「決断力」と「発想力」だそうです。

「決断力について言えば、私は実は優柔不断で、1万円の靴を買うのにも4回下見をするぐらいです。普段は、決断力にむしろ欠けているようなイメージです。

しかし、いざ不動産を買うときは、7000万円の物件を購入するか否かを10分程度で決断しています。ただ、強みと言うより、不動産投資ではそうせざるを得ない場合もあり、その際には迅速な決断力が求められます。

つまり、私自身、建築士に見てもらうなど可能な限りリスクを排除していますが、投資である以上、リスクを100％無くすことはできません。

その不安を乗り越えて10分ぐらいで何千万円の物を買うかどうかの決断をしなければいけないのです。不動産投資には、この決断力は、欠かすことができないでしょう」

次に、発想力について次のとおり話されました。

「最初に話した新たに購入する自宅の敷地にアパートを新築して、その賃料でローンの支払いに苦しむどころか、逆に儲かることができた点は、自分自身の発想力の良さに正直感動しました。その当時、興奮して眠れなかったことをよく覚えています。

また、アベノミクスが始まり、不動産投資の競争が激化したときに、18％を超える高利回り物件を探すと、難のある物件にならざるを得ません。

私が最近購入した4棟の物件は、すべて廃屋に近いものです。

廃屋はご近所からも嫌われるものですが、そこにお金と手間を投入して蘇らせることができます。どの部分を壊し、どの部分を残すか等の発想力が極めて重要になるのです。

具体的には、茨城県の27世帯の廃屋を１５００万円で購入し、２０００万円を投入して利回り30％ほどのアパートに再生し、27世帯満室にしました。全空の状態から27世帯を満室にしたのです。

高齢者の世帯からランドセルを背負った小学生が走り回るファミリー世帯まである、ある種のコミュニテイを創ったのです。

このように大きなアパートの廃屋をキレイにし、満室にすると自分が村を創った村長になった気分が味わえます。いろいろな発想力を用いて廃屋を蘇生させるのは、まさしく不動産投資の醍醐味です」

このように物件の再生を手掛けている中島さんですが、これからの目標、目指すところを聞いてみました。

「今後のとりあえずの目標は、現在の２２９世帯を５００世帯にすることでしょうか。不動産投資の最終的目標は、現状で８億程度の物件を購入していますが、このまま進めば、平均寿命までに50億円は買えると思います。

具体的には、今の段階では物件購入には融資を受けることが必須ですが、しばらくすると3000万円程度なら現金で毎年買えるようになります。

これを繰り返すと利益が累進的に大きくなるので、3000万円の物件をキャッシュで購入できるペースがどんどん早くなっていくでしょう。

最終的には、3000万円の物件を1カ月ごとに買えるようになります。まだ、夢のような話ですが・・・。

さらに、このような不動産投資家としての目標だけでなく、併せて、サラリーマンでありながら、副業として不動産投資をする人を育てたいとも思っています。

サラリーマンにも経済的に強く、会社に従属せずに、一定程度精神的に独立していける人になってもらいたいと思うからです」

と、将来の目標について話してくれました。

私から見た最大の長所は、その「行動力」にあると思っています。例えば、物件の内見に対する積極性にそれを見ることができます。

私は、中島さんのことは一番といえるほど大切にしている存在だったので、良い物件が出るとすぐに電話し、それが夜中の2時であっても「物件を一緒に見に行きましょう」と誘い、よく出かけました。

なぜ、それだけ気にかけていたかというと、過去に、手書きの計算がいっぱい書かれている分厚いノートを基に夢をすべて赤裸々に語ってくれたからです。それから「この人のこと、絶対に成功させよう」と自然に思うようになりました。


付き合いが長くなると、投資家としてのステージも変わります。

最初は「まず一棟買う」というステージからスタートし、次に買い増しステージがあり、さらにその先には「会社をリタイヤする」というステージがあります。

中島さんの場合、最初のころは私も細かく見ていたのですが、ステージが上がるにつれ、その必要はなくなっていきました。

そういう意味で、だいぶ前から〝業者〟と〝顧客〟の関係ではなく、お互いのさまざまな過去を共有している〝親友〟の関係になっているといえるでしょう。

私にとっても、何かの節目があるときは、必ず中島さんの存在があります。

最後に、これから不動産投資をはじめる読者の皆さんに向けて、中島さんからアドバイスをいただきました。

「私は長く人事関係の仕事に就いていました。昔はともかく、今後は終身雇用は維持できません。かつて会社が色々と面倒をみていた時代もありました。尽くしていたら必ず報われていましたが、そんな時代はもう終わったのです。

そのためにサラリーマンも何らかの副業を絶対に持つべきです。そして、その副業の中では、不動産投資がサラリーマンに適していると思います。理由は三つあります。

一つ目は、サラリーマンという地位を銀行が評価してくれて融資が他の職に較べて容易だという点です。不動投資では、銀行から融資を引けるかがその勝敗を分ける重要な要素です。その点、サラリーマンは、他と較べてアドバンテージがあるのです。極めて重要な要素です。

二つ目は、不動産投資はミドルリスク・ミドルリターンだからです。副業として、いろいろな選択肢があると思いますが、入り口を間違えなければ、不動産投資は、他に較べてリスクは低いと思います。

三つ目の理由としては、自らの力で切り開ける投資です。株などの有価証券系は、そもそも自らの判断というより、他の外的な要因でその勝敗が決せられるように思います。

もちろん不動産投資も外的な要因により左右されることもあります。

しかし、自らの判断に帰する要因が多いように思えます。即ち、他力本願でなく、自力本願的な投資だと思えるからです。


ただし、不動産投資は、どのような投資方法を行うかの入り口で7割が決まるのです。入り口を間違えると、大失敗してしまいます。

とくに世間一般ではエリートと言われる高属性の人が失敗しています。彼らは忙しく、時間がないので業者に丸投げしがちです。

また、属性がいいだけあって銀行が容易に融資をしてくれる点も問題です。よく調べずに買ってしまう人たちは、そこが狙われています。

不動産投資において、転売でもしない限りは短期間で儲かることなんてありえません。そして、転売で大きく利益を得ること自体も難しくなってきています。私はここに至るまでに17年かかっています。

最初の1棟目から1億円以上の物件に投資する方もおられますが、非常な危うさを感じます。

一気に1億円の負債とは、サラリーマンの手に負える額の負債ではないと思うからです。

不動産投資は、その入口さえ気をつければ一般的な事業に比べたら失敗率が低いです。私は運用益を重視して、利回りの高い物件を追い求めています。

その結果、地方一棟高利回り投資を得意としています。ただ、それぞれの投資方法には、それぞれ一長一短があります。

どうかまわりに流されずに、投資手法をよく研究して開始してください！」

と中島さんから熱いエールをいただきました。

振り返れば、中島さんと出会った頃、まだ小さかったお子さんも今は成人されました。

傍目に見れば、成功しているようなスーパー大家さんであっても、私からみると良い方向に行っていない人も見受けられます。

そうした中で、中島さんの家族は仲良く、ご夫婦二人もとっても幸せそうに見えて独身の私は羨ましく思います。お金持ちによくある豪遊もなく、心が豊かになっているのを感じます。

私自身、中島さんの人生に大きく影響を与えた不動産投資に携わることができて本当に良かったと思っています。

「私の夢が叶った決め手は、海千山千の多い不動産業者の中で、口下手だけど誠実な新川さんと出会えたことです。

新川さんと共に3年という短期間の間に6棟の物件を購入し、私の不動産投資の基礎を築けたことだと思います。

ただ、成功したといっても、私自身ブランド品には興味がありません。全身ユニクロでも上等だと思っています。この齢になって見栄を張るつもりもないですし、ちょっと小金が入っても次の投資につぎ込むことにしています。

そう考えると、普段から本当にお金を使わないですね。ただし、中古のベンツには、お金を掛けています。減価償却費で元を取れるからです。

今、振り返ると、大学時代の夢は『ベンツに乗ること』と『パチンコで1万円負けても動揺しない男になりたい』の二つでした。

その当時に比べると、私はお金をたくさん稼いでおり、すでにベンツに乗っており一つ目の夢は果たすことができました。

もう一つの夢は、残念ながら今は、パチンコは全くやっておらず、なんとも言えませんが、仮にやっていたとしても1万円も負けたら今でも激しく動揺してしまう自分が容易に想像できます。この意味で二つめの夢はまだ達成出来ていないです（笑）」

と話してくれました。

変わっていく部分、変わらない部分の両面を持ち合わせるのも、また成功投資家の特徴なのかもしれません。

5万円以下で戸建てが買える!? 驚きの長崎戸建て投資

ボロ物件投資のワッキーこと、脇田《わきた》雄太《ゆうた》さん

【プロフィール】

不動産投資家。脇田雄太事務所代表。1977年生まれ。大阪府出身。立命館大学政策科学部卒。在学中、通商産業省（現：経済産業省）、日本アイ・ビー・エム株式会社にてインターン後、新卒でリクルートグループ入社。在職中、大阪府下に中古マンション1棟を購入したのをきっかけに独立。2009年から「脇田雄太事務所」代表として活躍中。『日経マネー』『エコノミスト』などビジネス誌へのコメント実績多数、セミナー講師としても、全国賃貸住宅新聞社をはじめ多くのセミナーに招待され人気を博している。

●著書『"5万円"以下の「ボロ戸建て」で、今すぐはじめる不動産投資！』（ごま書房新社出版）ほか、累計11冊執筆。

●HP『30万円から始める不動産投資―安定資産構築の脇田雄太事務所』http://www.wakita.in/

●所有物件
戸建・アパート含めて80世帯程度　月収200万円超

●得意な不動産投資手法
長崎市内でのボロ物件投資

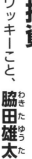

5万円以下で買える長崎戸建て投資

ワッキーこと脇田雄太さんは、長崎に特化した激安戸建て投資で有名な投資家さんです。

2006年から不動産投資本を読み始めて2007年に1棟目（大阪府下フルローン1棟物）を購入。その後、2008年より長崎市内のボロ物件を連続購入されています。

「不動産投資をはじめたきっかけは、当時独身だった（今もですが）脇田が自宅を新築したため両親と一緒に新居へ引っ越すことになりました。

その際、元実家である父所有の区分マンションを賃貸に出すことになり、その客付けのために行ったリフォームがとてもとても楽しかったのです。

まるでゴルフや海外旅行のような感じで趣味としてのリフォームに取りつかれてしまい、『もっとリフォームをするためにはどうすればよいのか？』を考えた結果、中古物件を買って人に貸せば繰り返しリフォームできて楽しいのではないかと考えました。

これが私の不動産投資をはじめたきっかけです。

その後、２００７年７月頃に大阪府下、関空対岸に17世帯のＲＣ一棟マンション（７／17空室）を購入した直後にサラリーマンをリタイヤしました。

投資エリアはここ数年は長崎県長崎市の旧中心市街地付近（路面電車の線路から半径５キロ圏内が目安）に絞っています」

このようにリフォーム好きが高じて不動産投資をはじめた脇田さん。はじめた当初は「いくら儲かるか」よりも「いかに継続してリフォームを行うか」に注力したそうです。

「もっと言えば、どれだけやりがいのある程度の悪い物件を割安価格で購入できるか。また、リフォームした後に賃貸に出すことで、持続的なリフォーム活動（投資活動）を行うことをしたいという風に考えたのです。

サラリーマンをリタイヤするまで、苦しかったことも、壁もありませんでした。楽しさと喜び、あとはほんの少しの収入（笑）しかありません」

と、脇田さん、いかにもマイペースで不動産投資を楽しんでいるように見えますが、成功するまでにとくにラッキーだったこと。うまくいったことを教えてください。

「1棟目のRC一棟物をリーマンショックの数カ月前にフルローンで融資承認受けられたことでしょうか。あとは、ボロ物件投資というジャンルに気付けたことや、長崎市内がボロ物件投資に向いていることに気が付けたことだと思います。今でこそ、『ボロ戸建て投資』は不動産投資の一ジャンルになっていますが、私が行っていた当初は『なんで、こんなボロい物件を買うの？』というような反応で、完全にブルーオーシャンでした」

そんな脇田さんが持つ大家力は、「決断力」と「行動力」だそうです。

「私は普段から大金を投資するための情報収集やシミュレーションは当然行いますが、最後の最後に必要なのは『えいやー』と決断する能力だと思います。

準備不足は論外ですが、石橋をたたきすぎて壊してしまわないこともまた重要なので、決断することができたのはラッキーでした。

また、関東でも地元の関西でもない長崎で投資するためには、フットワーク軽く飛行機で長崎へ向かい、たとえ収穫が全くなくても笑顔で帰阪する能力が必要だったのだと思います。

自宅やオフィスで考えることも必要ですが、まず飛行機に乗って現地へ行ってみることが大切です。

心が折れずに長崎へ通い続けた行動力のおかげで様々な人脈を築くことができ、現在の自分につながっているものと思います」

また、脇田さんの行動力を示すエピソードに、長崎のボロ戸建てとの出会いがあります。

「まだ東京で会社員をしていた時代・・・2007年のことです。

都会のビルでの仕事にやりがいを見いだせず、自分はここで一体何をしているのだろうと自分に問いかけていました。

そもそも関西出身の自分が東京でこんな仕事（失礼ですね！）をしていていいのだろうかとくすぶっていたときに、たまたま検索サイトで見つけた長崎の物件を見に行ったのです。月曜日有休をとって金~月で長崎へ向かっていました。

物件価格は安いし賃貸需要もあるし、不動産会社さんは親切でやりがいをもって生き生きと働いておられるし、アニメのワンピースのように町中そこらかしこにボロ物件があって（一般人の方にはただの廃屋にしか見えない）宝の山（グランドライン）のように感じられました。

東京にいたらこんな不動産投資が九州に、ましてや福岡ではなく長崎にあるなんて一生知ることが出来なかったと思います。

だから、まず行動してみる、具体的に何が得られるか分からなくてもコストや時間を気にせずに行動してみることが大切だと思います。あの時行動して良かったなと今でも思っているというエピソードです」


その後、脇田さんは長崎の戸建て投資を極めていきます。

一つのことにこだわり抜いて続けること。

私からすると脇田さんは強い「持続力」もお持ちのように感じました。

今後の目標を聞いたところ、「長崎市内の全ての町に自分の物件を所有すること」を掲げていたそうですが、何割かはすでに達成しています。

「せっかくなので新しい目標を考えてみました。【長崎でのボロ物件投資を通して、人口減少先進国である日本の社会問題である「空き家問題」に解決策を提示する】なんて、いかがでしょう。なんかカッコ良いですね。
また、これから不動産投資をはじめる読者の皆さんへは、『石橋をたたき過ぎて割ってしまわないように』とメッセージをお送りしたいです。ある程度勉強と下準備を済ませたらまず実践してみるようにされてくださ い！」

と、脇田さん。

新しい目標は素晴らしい志だと思います。また、初心者へのアドバイスも私も同じ意見です。まず一歩を踏み出すこと！　これが大切です。

白鳥つばさコラム④

不動産業者の裏話

白鳥つばさ

裏話と言いながら、うちの会社には裏はない。
自慢でもなく、すべて出してしまうから。

営業スタッフは顧客とよく飲みに行く。仕事の延長というよりは、友達付き合いに近い。
飲み会じゃなくても、一緒にマラソンやトライアスロンなどにも参加する。仕事も遊びも一生懸命付き合う。

だからこそ、裏は隠せない。表も裏も見せなければ人は信用してくれない。「良いことだけを言う人」ではなく「悪いことも伝えられる良い人」でなければ、この会社にはいられない。
意識しなくても自然と皆そうなっていく。よくいわれるのは顧客と営業マンは似ていると。男女の仲ではないが、インスピレーションが反応したや馬が合うなどだろう。
よく似ている者同士だからこそ、喧嘩もする。話だけ聞くとカップルの痴話喧嘩に聞える時もあるが、それだけお互いに真剣であるということ。プイっとそっぽを向いても、時間をおけば仲直りしている。

つくづく不思議な会社だと思う。そして不思議な会社が好きな人が実はすごく多い。だからうちの会社にはファンというかマニアが多く集まる。

以前、マイホームを扱う不動産会社にいたときは、他社とのつながりは薄かった。自分の会社、自分の売り上げだけを意識する人が多かった。もちろん営業スタッフは売り上げを意識しているが、それ以上に顧客にとって最大の利益があるのかを優先している気がする。

不動投資にもかかわらず、顧客もスタッフもガツガツしている人が少ない。また暴言や悪口を聞かない不動産屋ははじめてだった。

第2部

話題の大家さん

◇ 山屋 悟さん

◇ 河上 伸之輔さん

◇ 小嶌 大介さん

不動産投資成功で世界一周を果たした高卒工場勤務

大日本☆ふんどし王子こと、山屋《やまや》悟《さとる》さん

【プロフィール】

１９８５年富山県生まれ。ブログなどで通称『ふんどし王子』として活躍中の34歳。14年間工場勤務サラリーマンをする傍ら不動産投資を行い２０１８年7月にセミリタイア。中学3年生の時、兄に借りた『金持ち父さん・貧乏父さん』を読み、お金持ちになることを決意する。卒業後、地元の大手自動車メーカー系列の企業に就職。昼夜問わずの交代勤務の現場で働きながら1カ月に10万円ずつ貯金する。しかし、サブプライムショックの暴落に巻き込まれ株・ＦＸで３００万円以上を損失、現物のない投資の怖さを知る。その後、今度は手堅い不動産投資の勉強を開始。２００９年、24歳の時に１００万円を元手に２５００万円の２世帯住宅を新築し、不動産投資を開始。その後、中古アパート、マンション区分を中心に買い進め、さらに、独自の視点で高利回りのガレージハウス、65万円の廃墟戸建て等、ボロ物件への投資を行う一方、新築戸建てと新築アパート等の資産性の高い案件にも着手している。

●著書『高卒製造業のワタシが31歳で家賃年収１７５０万円になった方法！』（ごま書房新社）
●ブログ『高卒製造業のワタシが31歳で家賃年収１７５０万円になった方法！』
https://plaza.rakuten.co.jp/yamaie/
●健美家コラム　https://www.kenbiya.com/column/fundosi/

●所有物件　アパート４棟16室　戸建5戸
●得意な不動産投資手法　空室の多い高利回り中古アパート購入し、入居率を上げて運営。割安な土地や農地を購入し、利回り10％以上の新築アパートを建築。

20代でスタートして、不動産投資で成功

　富山の大日本☆ふんどし王子こと、山屋悟さんは5人兄弟で育ちました。幼少の頃から、お金に対するネガティブな感情、お金を原因とする両親の喧嘩などを目の当たりにして、「お金とは何だろう」と興味を抱いていたそうです。

　そんな山屋さんが不動産投資をはじめたきっかけは、多くの大家さんに影響を与えたロバート・キヨサキ氏の『金持ち父さん、貧乏父さん』（筑摩書房）です。

「この本で意識が変わりましたね。中学3年生の時、兄に借りて読んで衝撃が走って、『お金持ちになる！』と決意しました。

　高校を卒業して地元の大手自動車メーカー系列の企業に就職。昼夜問わずの交代勤務の現場で働きながら1カ月に10万円ずつ貯金しました。

　そのお金で株やFXにチャレンジするのですが、サブプライムショックの暴落に巻き込まれ300万円以上を損失しました。そのときは現物のない投資の怖さを知りました。

その後、今度は手堅い不動産投資の勉強を開始しました」

と山屋さん。2009年、24歳の時に100万円を元手に2500万円の2世帯住宅を新築し、不動産投資を開始。その後、中古アパート、マンション区分を中心に買い進め、さらに、独自の視点で高利回りのガレージハウス、65万円の廃墟戸建て等、ボロ物件への投資を行う一方、新築戸建てと新築アパート等の資産性の高い案件にも着手しています。

そんな山屋さんの不動産投資をはじめた当初の目標はなんだったのでしょうか。

「毎月のCF100万円でした。これは昨年、32歳で叶えることができました。不動産投資をはじめて8年目のことです。

昨年14年間弱勤めた会社を退職しました。その後は1カ月かけて友人のポールさんと世界一周旅行をしました！

辞表を出すときはものすごく緊張したのですが、出してみたらあっけないもの。入社以来ずっと半径3メートルの中で仕事をしており、上京するだけでもドキドキした自分が世界に旅立つだなんて、自分でも信じられません。

退職した日は、富山の空は相変わらず曇っていましたが、見えるものすべてが輝いていました。会社を辞めてからは見える景色がまったく違って、もう一度人生がはじまったような気がしています」

目標達成するまでの苦労はあったのでしょうか。

「振り返れば、不動産投資を続けるにおいて苦労したのは20代のはじめた頃です。24歳で不動産投資をスタートさせましたが、周りの人達と違った行動をすることに対する勇気が必要でした。地方ではとくに世間体や、人からどう思われるかというのが足かせになります。

遊びたい盛りでもありますから、そこで自分を貫いていくのが大変でした」

では、逆に順調にいったのは、どんなことだったのでしょうか。

「本で勉強をする過程で、加藤ひろゆきさんを知りました。ご著書のおかげで不動産投資の敷居が下がりましたし、著者の巻末に富山の著名投資家、吉川英一さんのことが紹介されており、同じ富山県民ということでいろいろアドバイスを受けることができました。

これは本当にありがたいご縁でした。

また、2009年のリーマンショックのあたりで不動産投資をスタートしていますが、これは振り返ると物件の価値が一番低い時期に参入できたのでタイミングがすごく良かったと感じています。

こうしたタイミングは当時はわからないのですが、さまざまな幸運に恵まれていたと感謝しています」

このように若くして不動産投資をはじめた山屋さん。大家力の中で、もっとも強みとパワーは「対応力」。言い換えれば、柔軟に対応していく力です。

「柔軟性があるおかげで、否定から入らず、肯定からはいることができます。これは大きいです」と山屋さんは言います。

どんな悪いことや不正にも、応用することがあるし、どんなに良いことでも脆弱性がありますし、色眼鏡で見ない柔軟性があったので結果的に、多くの方々と知り合い、いろいろなことを教えてもらえ、学ぶことができたそうです。

「18歳までは偏見のコレクションといいますが、柔軟性がある若いうちのほうが変化はしやすいでしょう。20代半ばのサラリーマンが不動産投資をするのは、少し前まで非常識でしたが今では当たり前です。

私自身、不動産投資の仕組みを知って『当たり前』と思えたことでスムーズにはじめられました。

また、礼儀を持って接すれば、先輩大家さんは色々なことを無償で教えてくれます。先駆者（パイオニア）はジャングルを切り拓く大変さはありますが、そこに続くものは本当に恵まれています。

先輩方の知恵を借りれば舗装された道を車で移動するようなものです。危険も少なく早く目的地に到達することができるのです」

だからこそ、学びは必要というのが山屋さんの意見です。

「特に不動産投資の本は溢れかえっているので100冊程度読み、実績のある方のコラムやブログを読めば大きな失敗はしないと思います。

『愚者は経験に学び、賢者は歴史に学ぶ』と言います。無用な失敗を避けて経済的自立だとか、給料プラスαの副収入を稼いでいきましょう」

そんな山屋さんの今後の目標を聞くと、2019年の1月に2棟売却し2千万円ほど売却益が出たそうですが、部屋数が減っています。そのため今後は物件を増やしていく方向です。

「売却したのは中古アパートだったので、今後は新築アパートや手間のかからないアパートにシフトしていきます。無理して規模を増やしませんが、良い物件が出てきたらコツコツと購入してうこうと考えています。

また現在、33歳なので家賃収入をベースとして、複数の収入を模索して行きたいです。さらに妻と子供との時間も大事にして、楽しい仲間たちとワイワイしながら稼いでいければと思っています」

家族や仲間と仲良く不動産投資やその他のビジネスができればなによりです。

最後にこれから不動産投資をはじめる読者さんへアドバイスをいただきました。

「賃貸需要が見込める地域で、現金購入の戸建投資や、会社員の給料や本業からの収入で返済が可能範囲のアパートであれば手堅く稼いでくれます。

不動産投資を実践することにより実力が身につきますし、税金などの勉強にもなります。給与所得との損益通算などのメリットもありますので、これから不動産投資するのは決して遅くはありません。

またスマートフォンの普及で、多くの副業の選択肢が増えました。不動産投資にこだわり過ぎることはありませんが、副業のポートフォリオの1つに不動産はとても魅力があります。

ライバルも多くなっているし、これからはじめても無駄だとは思わずにしっかり勉強して行動していきましょう。

収益物件（戸建）を1つ持って5万円でも入ってくるだけで、とても豊かな気持ちなれますよ！」


とのことでした。

山屋さんにも私のラジオ番組に出演いただきまして、いろいろお話させてもらいました。

年齢が若いため「今どきの若手投資家」という印象を抱く方も多いかもしれませんが、実は10年近くコツコツ投資をしています。その投資手法は極めて正攻法で、地方の特徴を掴んでいることが強みだといえます。

新築に関しても、吉川英一さんという地元を知り尽くした先輩投資家からノウハウを学び、先輩たちの教えを忠実に守って実績を積み重ねてきています。

また、成功している人は、全員「ついてる」「ラッキーでした」と言いますが、それは人柄がそうさせているだけです。人として魅力があるから成功を引き寄せたと考えられます。

山屋さんは、対応力＝柔軟性としていましたが、コミュニケーション能力も非常に高く、みんなから愛されています。若い大家仲間も多く、情報交換も積極的に行っているのが投資に生かされているといえるでしょう。

メロンパンアイスに商業ビルに工場・・・事業と投資を行って大成功!

北陸大家こと、河上《かわかみ》伸《しん》之《の》輔《すけ》さん

【プロフィール】

1981年、京都市生まれ。石川県在住。CFP、証券アナリスト。大学卒業後、証券会社に就職。2008年9月、リーマンショックの影響により、証券会社を退職。同年10月より、コンサルティングファームに就職し、M&A、事業再生の案件を数多く手がける。2011年7月独立を果たす。

●著書『元手500万円から資産20億円! どんどん買い進める"北陸不動産投資"術』(ごま書房新社)

●HP『北陸不動産投資支援会』https:// http://fudousantousi.co.jp/

●所有物件

アパート・オフィスビル・ソシアルビル、・ホテルなど20億円程度

●得意な不動産投資手法

空室の多い物件を安く購入してリノベーション、入居付け。基本的に保有しようと思っているが、値段によっては売却も

事業と投資をダブルで行って成功

現在36歳の河上伸之輔さんの印象を一言でいえば「常識外で生きている人」です。私自身、常に皆に刺激を与えたいと思って行動していますが、こんな私自身に刺激を与えてくれるすごい人です。

さまざまな事業（世界で2番めにおいしい焼きたて メロンパンアイス！）を生み出しながらも、不動産投資の規模は拡大し、現在の年間家賃収入は2億円を超えました。

もともとは京都の出身ですが、大学卒業後は東京の証券会社に勤めていました。転機が訪れたのは、勤めて3年後、石川県の金沢市に引っ越したことです。

「大学時代から付き合って彼女が金沢に住んでいまして、いくらいっても上京してくれないので、僕が移り住むことにしたのです。

正直なところ、働きはじめて1、2年目はやりがいのあった証券会社の仕事に意義が見いだせなくなって、のんびりした田舎暮らしが魅力的に感じたのもあります。

不動産投資をはじめたきっかけは、漠然とお金持ちになりたいと思っていたからですが、サラリーマン時代に株式投資で上手く行かなかったのも理由の一つです。

また、東京でも区分マンションなどを見ていましたが、良いと思える物件はありませんでした。

ところが石川県にくると不動産が安いのです。東京で500万円といえば、かなり郊外のワンルーム程度ですが、金沢ならファミリータイプの区分マンションが買えるのです。

そして、26歳のときに中古の2LDKの区分マンションを購入しました。表面利回りは約18％ですが、実質利回り9・5％程度で今思えばすごく良い物件というわけではありません。

それでも定期的に家賃収入が入ることで意識が変わりました。CFは5万円だったのですが、これを積み上げていけばいいのだという確信が生まれました」

と、河上さん。不動産投資をはじめた頃の目標といえば、「サラリーマンを辞める」ということ。その目標達成のために、転機となった物件があったそうです。

「28歳の時に諸経費込みで9300万円でマンション1棟を購入しました。

転職したてで勤続年数半年もいっていなかったのですが奇跡的に８０００万円の借り入れができたのです。

しかも、２００8年リーマンショックの真っ只中です。今でも、あのタイミングでよく融資がおりたと思います。

その物件が買えたことで年間のＣＦが５００万円を超えてくるようになりました。さらにその後数棟買い進めて、ＣＦが７００万円程度になったタイミングでサラリーマンをリタイヤしました。

都会の方からすると少ないようも思えるかもしれませんが、地方暮らしで共働きだから何とかなると思いました。

それから30歳という年齢で独立したいという意思もありました。もともと会社勤めをずっとする気はなくて、将来的には起業して独立をしようと考えていました」

こうして目標を達成した河上さんですが、会社を辞めてからもどんどん規模拡大をされています。

そんな河上さんに不動産投資をしていて苦しかったこと。つらかったことはなかったのかを聞いてみました。

「きつかったのは、はじめてからよりははじめる前ですね。コツコツとお金を貯める時期がしんどかったです。

20万円くらいの初任給のうち、月に半分の10万円ほど貯金していました。1年で100万円、3年で500万円を貯めて、それで1戸目の物件を購入したのです。

複利の効果を理解していたので、今頑張れば加速的に資産が増えていくということが明確にイメージできていたので乗り越えられたのだと覆います」

そんな河上さんの大家力といえば、「行動力」と「発想力」だと言います。

「やはり不動産を買い進めていくためには行動力が必須です。ただし、こうした行動力はある一方で、持続力は極めて低いです。

不動産投資においても同じ方法で拡大していったわけではなく、中古マンション、新築アパート、オフィスビル、ソシアルビル、工場、店舗、太陽光発電、ホテルの再生など、さまざまな不動産投資を幅広く行っています」

私もそうなのですが、挑戦をしていないで同じことを続けていると飽きるのです。

本来であれば同じことを繰り返したほうが投資効率があがっていきます。

河上さんの場合、まずは自分が興味を持ったことに対して積極的に行動を起こし、軌道に乗ったら人に任せて、自分は違う新しいビジネスを始めるという流れです。

そして「儲かる・儲からない」ではなく「面白い・面白くない」で判断している様に感じます。

そういう意味では、投資家というよりも事業家といえるでしょう。不動産投資以外の事業でいえば、メロンパンアイスなどをヒットさせています。

「発想力について言えば、アイデアを生み出すことは得意で、うまくいった事例としては工業大学の学生に材料費を支給してセルフリノベーションして入居してもらう取り組み、アーティストに家賃をお金ではなくアート作品でもらう『家賃あ〜と払い』といった取り組みをしています」

このような独特な企画力は、地域に根付いた投資をしている河上さんならではといえます。そんな河上さんの目標は「不動産投資を通じて幸せに生きる人を増やしたい」とのことです。

「僕は20代から不動産投資をして不労所得を得ていく中で、経済的な余裕が精神的な余裕を生み、いろいろなことに挑戦できるようになりました。

おかげで、すごく幸せな人生を送っています。

不動産投資のノウハウを伝え、さらに幸せになる考え方を伝えていくことで、経済的にも精神的にも自立した仲間を増やしていきたいと考えています」

最後にこれから不動産投資をはじめる読者の皆さんへアドバイスをいただきました。

「不動産投資は、やるべきことを地道に続ければ、誰でも経済的な自由を手に入れられます。

しかし、お金を貯めたり、なかなか物件が見つからなかったり、融資がおりなかったりといった下積みの期間もあります。

でもそれは絶対に報われます。続けることで加速的によくなるというイメージを強くもって続けてください。途中であきらめたらもったいないです。

環境は自分の考えに大きく影響します。自分で強いイメージを持つのが難しい人は、不動産投資をすでに行っている先輩、これからやろうと思っている仲間と交流することが有効だと思います」

とのことです。

不動産投資を通じて人々を幸せにしたい・・・その気持ちは私も同じだと思っています。そして、不動産投資の業界だけでなく、世の中を変えていく人になっていくと思います。

河上さんは「周囲と一緒に成長していく」という意識が高く、みんなを引き上げようとしています。若くしてその境地に達するのはすごいことです。

これはかっこいい生き方です。男が男に惚れることはたまにあるのですが、まさに河上さんはその典型例です。私は自分より年上に惚れることのほうが多いのですが、河上さんには完敗です。久しぶりにすごい人に会ったなとリスペクトしています。

廃屋をキャッシュマシーンに再生するデザイナー大家

小《こ》嶌《じま》大《だい》介《すけ》さん

【プロフィール】

１９７５年生まれ。通称、デザイナー大家。芸術系大学を卒業後、マス広告業界で約10年間グラフィックデザイナーとして勤務。２０１０年、脱サラを目指し手持ち50万円から不動産投資に挑戦、デザイナー独自の目線と切り口で築古物件のブランディングし次々と高利回り物件に再生、蘇生するリノベデザイナーとして業界で一目置かれるカリスマ。

●著書『利回り70％超!廃屋から始める、不動産投資』『50万円の元手を月収50万円に変える不動産投資法』『だから、失敗する!不動産投資【実録ウラ話】』（共にぱる出版）

●ＨＰ　http://www.magicod.net/

●所有物件
アパート・マンション65戸　シェアハウス65戸

●得意な不動産投資手法
高利回り、築古再生、コンバージョン

廃屋を再生、キャッシュマシーンに！

小嶌大介さんは大阪に住む元サラリーマン投資家さんです。ちょっと変わっていてサラリーマンといっても、ただのサラリーマンではありませんでした。

「過去にグラフィックデザイナーというカッコいい肩書きで超絶ブラックな働き方をしていました。

電車通勤で始発や終電は当たり前、ピーク時ともなれば家に帰れません。

そうやって睡眠時間を削りながら働いて、月収27万円・・・。そんな生活から脱出したくて不動産投資をはじめました。

僕にとって一番最初の成功は、まだ物件を一つも持っていないのに、大家の会にマイソクだけ持っていって、先輩大家さんの仲間をつくったことです。

多くの先輩大家さんに可愛がってもらえ、たくさんの知識を得られたので、本を読んで勉強することなく不動産投資を学べたのです」

そうして大阪のボロボロガラガラ物件を購入して、物件を増やしていき、売却を加えて、さらに手持ちの現金を厚くするという手法で、念願だったリタイヤの夢を叶えました。

「月の家賃収入80万円、ローン返済15万円になったところで、社畜の日々から脱出ができました。不動産投資をはじめて2年半目のことです。

そのときは嬉しさよりも虚無感、完全に燃え尽きた感じです。会社のつながりも全部断ち切れました。でも、不動産投資ではたくさんの仲間たちに恵まれました」

と小嶌さんはいいます。

出会いは2年前の「賃貸住宅フェア」でした。人の紹介であったのですが、面白い人だなぁというのが第一印象です。

「僕からすると大阪の業者さんとぜんぜん違うので驚きました。

大阪の業者さんは不動産を売るのみ。一緒に遊んだとしても、北新地のクラブ（東京でいうと銀座のクラブのようなイメージ）に行くだけです。

そう考えると、東京は＋αがありますね。その人なりのスタイルがあり、その職種に収まっていない。とくに新川さんは不動産業者の枠に収まっていません」

と、私の印象を語ってくれました。

そういう小嶌さんこそ、突き出した自分らしさがあり、楽しいことを仲間と共有しながら「やりたくないことは、やらない」といった筋を通しています。

私の場合、一番大切にしているのはサーフィンで、やはり仲間と過ごす時間を大事にしていますが、小嶌さんはそういう価値観をわかってくれる人です。

本書では不動産投資の成功の共通点として、5つの大家力を紹介していますが、さらに言えば「大家力」の前に「人間力」も欠かせません。

人間力とは、「人間的に魅力がある人のこと」で、本書で紹介した人は皆さん人間力も高いですが、とくに小嶌さんは他の人にない高い人間力の持ち主です。

自分が不得意なことを人がやってくれるような「仲間」がいる。小嶌さんはコミュニティを主宰されていますが、全国から多くの人が集まっている。

おそらく不動産投資の小手先のテクニックではなく、不動産だけでない生き方をちゃんと教えているのだろうなと推測します。

そのうえで小嶌さんの大家力といえば「行動力」と「対応力」です。

不動産投資をはじめる前に、たまたま見つけたブログで知った大家さんのリフォームを手伝いにいったそうです。

その他、テレビのワイドショーで「殴られ屋」の存在を知って、翌日には東京にいって、「大阪でもやらさせてください」と挨拶して、その週末には大阪難波の戎橋で「どつかれ屋」を開業していました。

やろうと思ったら、すぐ動くのは「次の日になったら、やる気がなくなるから」だと言います。

この考え方は私の「明日やろうは馬鹿野郎」によく似ていて共感できます。

また「殴られ屋」についていえば、きちんと先駆者に挨拶して許可を得ているところが偉いです。小嶌さんはいかにも面白い関西人といったキャラクターですが、ただ面白いだけでなく、しっかり筋を通していて芯のある人物なのです。

また、「対応力」は対人関係においてたぐいまれなる能力を持ちます。

「僕がまだ駆け出しの大家のころ、まわりに仲間の大家さんをたくさん集めました。どのようにしたら人が集まってきたのかといえば、基本的に、すごく楽しそうにしていることです。

きれいなニューハーフのお姉さんとDIYしていたら、みんな見たいと言ってやってきたし、僕は格闘技をしているのですが、海にいってブレーンバスターしたら、とっても喜ばれました。

新川さんも滝行したり、サーフィンをやっていると横のつながりが増えていきますよね。マジメな大家の会もいいかもしれませんが、小学生の夏休みみたいに遊びのイベントをしたり、いつでも無邪気に遊んでいると周りに人が集まってくるような気がします」

と小嶌さん。

私が思うに子どもは大人のふりはできませんが、大人はいつでも子どもの様に遊べます。それができる人には魅力があり、周りも巻き込まれていく。そして、さらなるパワーを持つのではないでしょうか。

そんな小嶌さんのこれからの目標をお聞きしました。

「目指すは『底辺の頂点』です。不動産投資では、借入2億円前半で家賃売上1億円、これが今期の目標ですが、現在所有している物件で満室になれば達成できそうです。また、私生活についていえば、これからは大事な人との時間をもっと増やしていきたいなと考えています」

さすが高利回り物件を所有するだけあります。投資手法は関西を中心とした築古物件の再生で、規模よりも収益性を追求しています。

最後に、これから不動産投資をはじめる皆さんへアドバイスをいただきました。

「目的を実現するために、不動産投資は強力なツールです。そこをうまくやるためにはどうすればいいのか。

本の取材なのにこんな答えもなんですが、机上の勉強はさておき、まずは友達をつくったらいいのではないかと思います。

『なりたい自分に近い人』を見つけて友達になる。一緒に遊んでいたら、考え方がわかるようになります。置かれている環境が変わったら、自分も変わるもの。そうやって自分自身をどんどん変化させていくのが一番いいと思います。

ただし背伸びはダメです。お金のある人にくっついて、自分もお金を使ってしまうパターンは良くありません。

それから一番大事なことは、なりたい自分をもっているかどうか。不動産投資家は数値目標を立てるのが好きな人が多いですが、人間すべて数値化できるものはありません」


私も仲良くなるのがもっとも近道だと思います。私の仕事である不動産の仲介業でも、遊びが仕事になっている側面があります。

定期的に開催している滝行も、最近よく行っている品川のサーフィンができるプールも、一緒の時間を過ごすことでより信頼感が増して仲間になれます。

最後に今回の取材で印象的な場面をお伝えさせてください。

それは小嶌さんが遅刻をしたことです。取材は大阪で行われたのですが、指定された場所に時間通り出向いても、小嶌さんはいませんでした。

なんとか連絡がとれたのですが、一時間以上も遅刻してやってきました（笑）。汗をいっぱいかいて駆けつけた小嶌さんですが、取材に遅刻してきて許されるキャラクターであるのも、特徴をよく表しているかもしれません。

不動産投資の成功者というと、数字の計算が得意でいかにも有能な人が多いように思われますが、決してそんなことはありません。

私自身、自分にできないことは無理をせず、人に助けてもらおうと決めています。その変わり、自分にしかできないことは全力で助けます。1人で成功するなんて私にはできません。

きっと小嶌さんは小さな失敗を繰り返しながら、皆で助け合って大きな成功を掴んで上がっていくような形を望んでいるのではないでしょうか。

繰り返しになりますが不動産投資に決まった形はありません。そのスピードも短期決戦型もいれば、コツコツと長い時間をかけて達する人もいるわけで、人と比べ過ぎないで自分が幸せと思う方向でできるといいですね。

白鳥つばさコラム⑤

新川のナイショ話

白鳥つばさ

うちの社長は、色黒にみえて実は色白らしい。強そうに見えて涙もろい。怖いもの知らずなようで、高いところを嫌う。

よくお酒とたばこが似合いそうといわれるが、実際は大嫌い。そして豆乳と白湯とアロマが好き。

口が悪そうにみえて、悪口は嫌い。コーヒーよりもハーブティーを好み、サーフィンができないと、落ち込む。

このように、単純そうにみえて繊細なのだ。自分だけ良くすることが嫌いで、地球規模で良くしようと考えている。

人のこともよ～く見ていて、たぶん眉の間に第三の目があるのかも(笑)。

一方、しっかり者に見えて、忘れ物が多い。たまにバッグを持つが、実は空だったりする。スケジュール管理なんて大の苦手だ。

また、自宅でご飯は食べない。一人で食べるとメニューが偏るので誰かと食べようとする。これは社長のルール。

修行僧のように、滝にうたれるのが好きで、辛い・しんどいといいながらも、毎年マラソンの大会に出ている。実はヨガも趣味で続けている。

毎年必ず、一つ新しいものに挑戦している。

このように何に対してもストイック。

外見は派手だが、中身は古風でオーガニックな性格なのだ。

だから、自然を愛し、人混みの満員電車は嫌い。車にも時計にもこだわりはなく、自分に合ったものや、目立ちすぎないものを好む。

そして、最大の社長の秘密。

もともと低く渋い声だが、怒るとさらに声が低くなる（笑）。

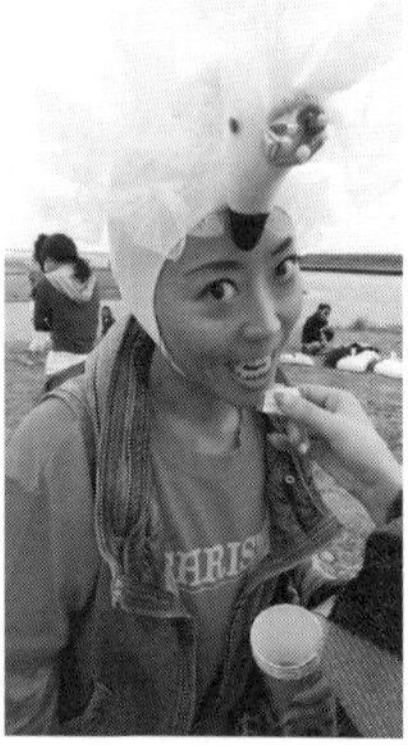

第2部

女性大家さん

◇ 舛添 菜穂子さん
◇ 岩崎 えりさん
◇ 金子 みきさん
◇ 菊地 美佳さん

戸建てからアパートへ！主婦大家さんがますますパワーアップ

主婦大家なっちーこと、舛《ます》添《ぞえ》菜《な》穂《ほ》子《こ》さん

【プロフィール】

夫と2人暮らし。夫のサラリーマン属性を借りず、OL時代にコツコツ貯めた資金500万円を使い2012年1月より投資スタート。1軒目に中古戸建を購入して、現在戸建てをはじめ計15室所有。これまでに4室を高額売却。その他レンタルスペース1室も運営。家賃月収80万円となり、大家業・執筆活動・講演会等と幅広く活動中。

●著書『最新版　パート主婦、戸建て大家さんはじめました！』『コツコツ月収80万円主婦大家なっちーの小さな不動産投資術。』（ごま書房新社）

●ブログ『パート主婦、〝戸建て大家さん〟はじめました！』
https://ameblo.jp/naaachin0225/entrylist.html

●YouTube【主婦大家なっちー】で検索してください。

●所有物件
木造アパート1棟、戸建て8戸、区分マンション1戸、団地2戸、レンタルスペース1件

●得意な不動産投資手法
戸建て、区分、ボロ再生、高利回り

大活躍の主婦大家さん

舛添菜穂子さんは、〝なっちー〟の愛称で幅広い世代の不動産投資家さんから絶大な支持を集めています。

なんと言っても戸建て投資が有名ですが、郊外の団地をセルフリノベしたり、転貸での会議室の運営、一棟アパートも所有されたり、その柔軟性には目を見張るものがあります。

投資エリアはご出身地の大阪を皮切りに、結婚をきっかけに移り住んだ千葉県内を中心に戸建て・区分マンション・団地を購入しました。そして昨年には千葉のマンションを高額売却して、都内に新たなマイホームを取得。直近では東京を中心に投資をしています。

さて、そんななっちーさんの不動産投資のきっかけといえば、今からさかのぼること7年前、2012年のこと。

「きっかけは将来への不安です。OL時代はブラック企業で働いていたこともあり、いくら生活するためとはいえ、このまま自分の時間（人生）を売って報酬を得ることに大きな疑問を感じていました。

その不安は結婚してからも消えることはなく、会社にも旦那さまにも依存しない生き方はできないものだろうか？　と考えたのです。

そんなとき、ふとテレビで流れた区分マンションのコマーシャルを見て、『これなら自分にもできるかも！』と目の前がぱっと開けたのです」

と、なっちーさんは言います。

当時、労働以外にお金を得る術を知らなかったのですが、それでも「自分が何もしていない時間がもったいない。なに一つお金を生み出す行為をしていないのがもったいない」という気持ちの方が勝っていたそうです。

そんな動機で不動産投資の世界に飛び込んだ、なっちーさん。はじめて購入したのは大阪府にあるテラスハウスでしたが、とにかく運営できるか不安だったといいます。

「はじめて購入した物件はリフォームをして客付けするまでにかなりの時間がかかっ

てしまいました。リフォームも今にして思えば、時間もお金もかけすぎです。それでも1軒目があったからこそ。そこからコツコツと増やしていって、今では月にして80万円の家賃収入があります」

これには、持続力抜きにしては語れません。また、自ら作業服（ピンクのツナギ）を着てDIYにチャレンジするのもまた、なっちーさんらしい姿です。

「私はよくDIYをしていますが、とくに手先が器用なわけでも、DIYが上手なわけでもないんです。コストを削減するための工夫です。全部をするのでなく自分でできるところだけDIYしています。

車の免許を持っていないので、移動手段はもっぱら電車とバスにたよるしかありません。

重たい荷物を担いでの現場通いは重労働です。熱中して壁にペンキを塗ったり、クロス貼りをしていると、あっという間に外が真っ暗になっていたなんてことも。今でこそ、イベントでDIY会もしていますが、一人でDIYしていることもよくあります。

夜の8時、9時に駅までの遠い道のりをトボトボと歩いていたら、ヤンキーについて来られたこともあります（泣）」

と、なっちーさん。今となれば笑い話ですみますが、当時はとっても怖かったそうです。

このように着実に経験と実績を積んでいますが、投資がうまくいく秘訣をお聞きしました。

「やはり物件を安く買えていることだと思います。私は売主さんに交渉して、なるべく物件を安く買う努力をしています。そこが一番肝心です。

また、いくつかの物件を売却していますが、無理に高く売るつもりでなくでも買主さんのニーズが合えば、自然に高く売れるチャンスがあります。思ってもない価格で売れたときは、『不動産って本当にすごい！』と感動しました。そして、もっとどんどん増やしていきたいと思いました」

いくら主婦で時間に余裕があったとしても、コツコツと投資を続けるのは、なかなか難しいものです。なっちーさんにモチベーションを保つ秘訣をお聞きしました。

「持続力も大切だとは思いますが、私にまず生まれたのは『発想力』だと思います。普通に考えれば、主婦が不動産投資をするなんて発想はなかなか生まれません。

でも地方で古い戸建てと目線を広げていけば、お手頃価格で買える物件もあるのです。地方だから、古いから・・・といっても賃貸経営ができないわけではありません。そこに気付けたらいい物件を見つけることができるのだと思います」

このように主婦としては、ちょっと変わった発想を持って、不動産投資をはじめたのです。

「持続力についていえば、まさに『継続は力なり』です。

これまで不動産投資ブログを7年間行ってきました。コツコツ続けてきたからこそ周りに人がたくさん集まって来てくれました。不動産も地道に売ったり買ったりを行っていった結果、月収80万円となりました」

これからの目標、目指すところを訪ねてみると、やはりまだまだ物件を増やしていきたいそうです。

「これまでは大阪や千葉などでなるべく安い物件を探してきましたが、今は都内を中心に考えています。

昔だったら諦めていたような物件が、今はだんだん買えるようになったと思います。都内で購入を検討すると、やはりそこまでの高利回りにはなりません。できれば利回り10％は欲しいと思うのですが、前ほど利回りに対して執着はなくなってきました。どんな物件を購入したとしても、今は何とかなると理解していますし、他の不動産もあります。

昔だったら心配だったことでも、今は経験を沢山したので色々と平気になってきました。そこは自分でも成長を感じる点です」

これこそが、なっちーさんが不動産投資を持続してきたことの結果だと思います。

最後に、これから不動産投資をはじめる読者へのアドバイスをいただきました。

「持続するには、まずは行動すること。

そもそも不動産投資が本当にやりたいのか自問自答してください。もしかしたら、やりたくない人もいるかもしれません。

不動産投資だけではないと思いますが、結局のところ最後は自己責任で決めなければなりません。

不動産投資には正解がいくつもあり、聞く人によって意見がぜんぜん違います。だからこそ、自分の考えがしっかり固まっていなければ、気持ちがぶれて物件が買えなかったり、間違った選択をしてしまう恐れがあります。

リスクを負う覚悟がないならやらないほうがいいし、何かあった時に人のせいにしないことが基本です。

とはいえ、株などは自分ではどうにもならないけれど、不動産投資に関しては自分でコントロールできる余地があるので、少額投資を現金で始める分には非常に低リスクだと考えます。皆さん、がんばってください！」

と、なっちーさん。役立つ話をありがとうございました！

脱ス○ガをして収支改善、長崎ドミナント投資へ！

岩崎《いわさき》えりさん

【プロフィール】

福岡県出身。神戸女学院大学卒後、白百合女子大学大学院にて心理学を学び心理学博士号取得。生涯発達研究教育センターの研究員、高校や大学、専門学校などで心理学の講師を行う。結婚を機に不動産投資をはじめる。2014年に銀行融資を中心にわずか2ヵ月で茨城県の中古アパート（14室）、大阪府の中古マンション（29室）を連続購入。約2億円の資産、家賃月収150万円の大家さんとなる。主婦やOLのマネーリテラシーを広げるために、定期的にセミナーや勉強会を主宰している。長崎〝激安中古戸建て〟投資倶楽部　代表。

●著書『30代ママ、2カ月で〝月収150万円〟大家さんになる！』（ごま書房新社）

●ブログ『ママ投資家〝岩崎えり〟のhappy不動産life』

https://ameblo.jp/chocolat-heaven/

●所有物件

4棟63室、戸建て1戸

●得意な不動産投資手法

長崎ドミナント戦略で築古高利回りの一棟物やボロ戸建てを買って再生させる

長崎ドミナント投資で収支改善

岩崎えりさんは5年前にス○ガ銀行で重鉄物件を2棟購入したのを皮切りに不動産投資をはじめました。

「不動産投資をはじめたきっかけは不安からです。結婚を機にその後の人生計画をたてたときに当時の働き方や年収のままでは子どもを産むのが不安だと感じ、子育てしながらでも収入が得られるシステムを作りたいと思ったのです。

偶然ですが、私の周りには友人夫婦や母など不動産投資をしている人がいたので、ごく自然に不動産投資をはじめられました」

ところが岩崎さんの不動産投資は最初から成功ではなかったそうです。

「不動産投資をはじめた当初の目標は、当時の自分の年収だった230万円のキャッシュフローでした。最初に立て続けに2棟買い、それでもう自分の年収を遥かに超えました。こういうと大成功のように聞こえますが、そこまで順風満帆ではありません。というのも、購入した物件は不正融資でニュースにもなったス○ガ銀行で借入をしていたのです。利回りは10％以上あったのですが金利が4・5％。入居者が家賃滞納をしたり、ゴミ集積所が荒れたりとトラブルも多く、思ったほどキャッシュフローが残らなかったのです」

と、岩崎さん。華やかなイメージからは想像がつきませんが、物件の問題に向き合いクリアしていったといいます。

「とくに大変だったのは、2棟目の物件で退去が続いて、数カ月で7室も空室になってしまったことです。あのときは生きた心地がしませんでした。そこから必死で空室対策をして何とか満室にして、借り換えに奔走しました。

私が幸運だったのは、母も私より半年前から不動産投資を開始しており、その影響で母方の親族や私の弟も不動産投資をはじめていて、相談できる人が周りに多かったのです。そして皆が長崎を中心に同じ銀行から融資をひいて不動産投資をしていたので銀行との太いパイプができていました。私は幸いにも、その紹介で借り換えができたのです。4・5％から2％以下の金利になりましたから、収支が改善しました！」

その後、岩崎さんはハイレバレッジ融資を前提とした大規模な1棟投資から、地方高利回り投資にシフトチェンジできたそうです。

「今でこそ、融資が閉じていますが、当時は融資が借りやすい状況でしたので、私のようなハイレバレッジ投資をしている人も多かったです。そして、その後、運営に悩んでいる人も多いと思います。

私は現在、長崎ドミナント戦略で築古高利回りの一棟物やボロ戸建てを買って再生させるという投資をしています。長崎では数百万円どころか数十万円で購入できる物件もありますので、融資を使う必要もありません」

このように岩崎さんの投資手法は時代に合わせて大きく変わっています。

そんな岩崎さんは、「決断力」と「行動力」に優れています。誰しも、1棟目を購入するときは緊張するものです。

自分の判断があっているのか、今買ってもいいのか逡巡する人も多いです。契約の場まで来て、「やっぱりやめた」という人も、これまで数名はいました。

「私自身も1棟目を購入するときが一番迷いましたし決断力が必要でした。全てが初めてだったので本当にドキドキでした。

仕事を半休をとり物件視察にいったとき、その当時の自分の条件はクリアしていたのですが、本当にこれでいいのかなと躊躇してしまいました。しかし他にも視察にきて検討していた方がいたこともあり、『ここで買うと宣言しないと持って行かれるな』と思い、その日のうちに買う旨を不動産会社さんに伝えました。これが最初の一歩にして、全てのはじまりだったので記憶に残っています。

今でも物件視察をして『これは欲しい！』と思ったら、その足でそのまま買付まで入れ、融資の方も動き出します」

このスピードを持った決断力こそ、岩崎さんの成功の秘訣だと思います。また、行動力については、お子さんを育てながら精力的に行動されています。

「そうですね。出産前後でもあまり動き方は変わっていないかもしれません。子どもを産むまでに、どうしてももう一棟物件が欲しかったのです。

ちょうど里帰り出産のため福岡の実家に帰省中、長崎の物件情報が飛び込んできて即座に長崎まで行って物件視察をし、その場で買付を入れました。

その後、出産を控えているということで、不動産会社の担当者さんと、銀行の担当者さんに頑張ってもらい無事出産前までに契約を済ませました。もちろんその間は毎回長崎まで通っていましたよ。今でも、2カ月に一回は子連れで長崎へ物件視察に行っています！」

不動産投資をはじめたいと思っても、なかなか買えないと嘆いている人がいます。指標が厳しいケースもありますが、人によっては圧倒的に行動力が足りない・・・そんなケースもあります。岩崎さんは言い訳を一切せずに、真正面から不動産投資に取り組んでいます。

そんな岩崎さんの目標は、今から2年以内に家賃年収3000万円、そして目指すところは金持ち父さんのキャッシュフロークワドラントでいう、ビジネスオーナーとインベスターの2つをまたいだ事業もやりながらの投資家になることだそうです。

「今やりたいことは保育園事業です。

前職が子どもの発達心理学を研究する研究職で、日本公文教育研究会と共に子どもの認知発達の共同研究を行ったり、発達障害のお子さんの治療教育などしていました。

そのときの知識と不動産投資で学んだお金の知識を組み合わせて取り組みたいなと考えています」

もともと研究者だった岩崎さんらしい目標で、ぜひ応援したいと思います。

最後にこれから不動産投資をはじめる読者へのアドバイスをお願いしました。

「不動産投資をすることについて、私はかなりお勧めします！　私は不動産投資のおかげで世界が広がり世の中の見方も大きく変わりました。

そして、本当に自分がやりたいことと向き合い、それに挑戦していく思考に変わりました。本当に自分がやりたいことは、自由な時間やお金の余裕がないと見えてこないです。

私も貧乏暇無しで働いていたときの願望と、不動産投資をした後の願望は全く違いました。

不動産投資は自分が送りたい人生を送るためのツールです。是非不動産投資を成功させ、自分の送りたい人生を歩んで欲しいです！」

不動産投資をはじめて成功している人の中には、目標を見失って規模拡大に走る人もいます。

それはそれで一つの選択肢ではありますが、自分の送りたい人生を送るためのツールという岩崎さんの考えはとても素敵なことですね。

走りながら考える！子育てママながら社長になった実践大家さん

秘書大家こと、金子《かねこ》みきさん

【プロフィール】

小学生の時にフィギュアスケートを始めて、選手コースでオリンピック選手を目指していたこともある体育会系。大学時代もフィギュアスケート部に所属。大学卒業後はムラサキスポーツの本社で社長秘書として勤務。現在6歳と8歳の2人のママ。産休・育休の後、時短勤務で共働きしていたが、次男が3歳になり時短勤務が終了し、フルタイムでの勤務が困難となり退職。２０１６年より法人を設立して不動産投資を開始。

●著書『〝ママ〟は今すぐ〝社長〟になりましょう！「夫婦」で豊かになる「3つ」の不動産投資』（ごま書房新社）

●ブログ『秘書大家「みき」の月収１００万円へのみち！』https://ameblo.jp/golcoco//

●所有物件

２０１６年の7月末に埼玉県O町の築古戸建てをオーナーチェンジで現金購入。同年9月に大阪府M市にてコインパーキング（5台）を転貸にて開始。11月に新潟県k市に2DK×5世帯の中古アパートを購入。

●得意な不動産投資手法

戸建て・コインパーキング・アパート

子育てママが社長に！

本書の発売の少し前2019年6月に初の著書『"ママ"は今すぐ"社長"になりましょう！「夫婦」で豊かになる「3つ」の不動産投資』（ごま書房新社）を出版して話題の秘書大家さんこと、金子みきさん。

金子さんが、不動産投資をはじめようと思ったのは、4年前だそうです。そのきっかけは時短勤務の終了と言います。

「私は、20年間大手スポーツ用品店『ムラサキスポーツ』に勤めていました。ずっと正社員だったのですが、子供を出産して育休の後、4年間の時短勤務が終わると、仕事を続けるのが難しいことがわかりました。

というのも埼玉県のはずれに住む私の家から職場まで片道2時間、時短勤務だからこそ、保育園や義母の力も借りて何とか成り立っていましたが、それでも一分一秒も無駄にできないほどの慌ただしい生活でした。この忙しさなら、4年後の時短勤務が終わったときには、仕事と子育ての両立はとてもムリ・・・そう思いました」

と、金子さん。フルタイム勤務を続けるのは困難ということで、非正規社員で働くのか。それとも別の就職先を探すのか。夫婦で悩んだそうです。

「決意をしたのは子どもが3歳になる半年前の2015年でした。私は結婚したのが遅く、いわゆる高齢出産をしています。それにもかかわらず、2人も子宝に恵まれたことを本当に嬉しく思っていますし、子供たちは私たち夫婦にとって何にもかえがたい大切な存在です。しかし、子育てが終わるまでの私たち夫婦の年齢を考えると『不安』しかありません。教育費と生活費のやり繰り。やがてくる親の介護。そして私たち夫婦の老後・・・。そう考えたら、私が仕事を簡単に辞めるわけにはいきません」

そんな金子さんは、一冊の本との出会いによって人生が変わったそうです。
その本のタイトルは、『いますぐ妻を社長にしなさい』（サンマーク出版）。
元メガバンカーの坂下 仁さんが書かれたベストセラー書でした。
「本を読んで『私たち家族の進む道はこれしかない！』と思えたのです。

そして、いろいろ勉強しましたし苦労もありましたが、私たち夫婦は『ママ（妻）である私が社長になって』会社を設立したのです。

そして現在・・・夫はサラリーマンを続けて以前と変わらぬ給料を稼ぎつつ、ママの私も社長になって会社員時代よりも多くの収入を得られるようになっています。

もちろん、起業前と変わらず子育ても両立しています。むしろ以前より子どもたちにかけられる『時間』と『おカネ』は増えています。

『おカネ』が全てだとは思いませんが、『おカネ』があればたくさんの「安心」を買うことができるのです。私たち夫婦はそのことを実感していきました」

このように不動産投資によって価値観が変わり、生活も変わったという金子さんですが、具体的に取り組んでいるのは「戸建て投資」「コインパーキング投資」「アパート投資」です。それぞれに異なる手法の不動産投資を行ったのはなぜでしょうか。

「効率だけを考えるのであれば、いろんな投資には手を出さず、一つのものを極めるのがいいのかもしれません。私は走りながら考えるタイプで、まずは『戸建て投資がしたい！』という思いがありましたので、戸建て投資からスタートしました。

その後、コインパーキング投資に興味を持ち大阪ではじめました。さらに投資スピードを意識するようになり、融資を使ったアパート投資に切り替えたのです。

私が投資をはじめた頃は、今に比べてずっと融資が受けやすい時期でしたので、最初から1棟投資をしていたら、もっともっとハイスピードで買い進めることができたかもしれません。

回り道をしているようにも思えますが、もし最初になんの勉強もせず、大規模な1棟物件で失敗したら、取り返しのつかないことになっていたでしょう。それほど3年前は融資は出やすかったですが、物件価格は高騰していました。

逆に勉強ばかりを続けて、ずっと買えていなければ、今から新規融資を受けて不動産投資をするのも厳しいと思います。

そう考えると、もっと上手なやり方があったかもしれませんが、私たち夫婦なりの最善を尽くしたと考えており、後悔はしていません。大家さんになることができて、本当に良かったと思っています」

と金子さん。たしかに3年前の市況からいえば、もっと戦略的に買い進めていれば、アパート・マンションを複数棟購入することも可能だったでしょう。

現在、ハイレバレッジ投資はとても難しいのですが、当時であれば自己資金を使わず物件を買い増やすことができました。とはいえ、物件は玉石混合で、いわゆるスルガスキームのように実際の家賃相場を無視して、銀行評価に合わせて、物件の利回り、価格を決めているような不動産会社も多かったのです。

私自身の考えをいえば、スルガ銀行の不正は別として、高金利であることや独自の物件の評価についてはとくに問題視をしていません。

スルガ銀行で失敗している人がたくさんいる反面、スルガ銀行を上手に利用して成功している人もたくさんいます。いくら高金利であっても、より高利回りの物件を購入することができれば、しっかりと収益は出ますから、決してムリな話ではありません。

金子さんのケースでいえば、しっかり勉強をしているものの、そこまで時間をかけずに物件を取得していること。少額の物件からスタートしてチャンスを逃さずに不動産投資ができています。

金子さんの著作に詳しくありますが、日本政策金融公庫の新企業育成貸付という制度融資で期間20年を受けています。

今でこそ、公庫は融資期間10年ですが過去には数回15年～20年の長期融資を借りられるタイミングがありました。そのタイミングでアパートが購入できています。

また、今の融資の状況と過去の融資の状況を比べて「数年前は良かった」という印象を持たれるかもしれませんが、融資が出やすい時期は失敗しやすい時期でもあります。

融資を受けられなければ物件をを買えないので仕方がない側面もあるのですが、「その物件が欲しい」ではなくて、「融資がつくから欲しい」となってしまうと、実際にその物件が家賃収入を得続けることができるのか。修繕費がどれくらいかかるのか。その値付けは適正なのか。そういったことを深く考えずに、買ってしまうケースもよくあります。

その結果、空室が埋まらない。入居付けや修繕費にコストがかかり、キャッシュフローが残らないどころか、ローン返済もままならない・・・などといった、思ってもみない結果になることもあるのです。

石橋を叩くような慎重さは大切ですが、だからといって「渡らない」のであれば次に進めません。そう考えると、金子さんのように行動力を発揮して、不器用でもとにかく前に進むのは良い姿勢だと思います。

また、「ママ（妻）が社長になった法人をつくり、会社の名義で物件を買っていく」というやり方については発想力の賜物です。

不動産を購入するにおいて、「個人で買うのか」「法人で買うのか」の2択がありますし、それぞれにメリット・デメリットもあります。妻名義の法人での取得は一種の王道でもあります。

繰り返しになりますが、不動産投資には正解はありません。たくさんの選択肢のなかから、いかに自分に合った不動産投資の見つけるのか。そこが大切なのです。

最後に金子さんから、これから不動産投資をする方に向けてアドバイスをいただきました。

「私はまだ成功しているわけではありません。不動産投資を開始できたという点において、成功の入り口には立てたかな、と感じている程度ですから、そんなに有益なアドバイスはできないのですが・・・。

不動産投資は『不労所得が魅力』と思われているようですが、私からするとやりがいのあるビジネスです。

今も物件を探していますし、所有している物件の客付けやリフォームなどしなくてはいけないこともいろいろあります。それが私の仕事だと思って一生懸命取り組んでいます。

実績も知識もまだまだですから、勉強をしながら進めている状況です。これまでも走りながら考えて、問題があれば夫婦で解決する・・・というやり方をしてきました。これが正解なのかはわかりません。でも、今『不動産投資をしてみようか、どうしようか』と考えているようであれば、思い切って走りだしてみることをオススメします。何も考えずにはじめるのはオススメしませんが、勉強はほどほどにして実践してみることが、自分にとって身になっています。

決して、ラクして簡単に儲かる・・・というようなものではないと思います。努力は必要ですが、自分が動いた分だけしっかり返ってきます。私にとってはそれが不動産投資の一番の魅力です」

私から見ると、みんながみんな順調に投資を進めているわけではありません。時には失敗もしながら、徐々に実力をつけていくというのが、多くの人が進む道です。金子さんは今その過程にあり、これからも是非がんばっていただきたいです。応援しています！

こだわりDIY×サーフィンで充実した毎日を実現！

菊地《きくち》美佳《みか》さん

【プロフィール】
東京都在住。インテリアとDIYが大好きな専業主婦。趣味はサーフィン。競売で2DKの平屋を落札し大家さんになる。

●健美家コラム『日曜日にはサーフボートとトンカチ持って』
https://www.kenbiya.com/ar/cl/mika/

●所有物件
戸建て7戸、区分1戸、アパート4棟　計23室　都内で貸会議室も運営中

●得意な不動産投資手法
築古再生サーファー物件。海から近いボロ物件を買い、再生しながらサーフィンを楽しむ

大好きなサーフィンとＤＩＹを両立

菊地美佳さんは、ご夫婦でサーファーです。

サーフィンは日が出る前の4時台にはじめ、終わってからＤＩＹをしているそうです。

サーフィン経験のない方だと驚くかもしれませんが、サーフィンをしてから仕事に出かけるような生活は、サーファーのなかでは当たり前の生活だといえます。

自宅から通える範囲でボロ物件を購入、ＤＩＹをしてサーファー向けに貸し出しています。


「趣味と実益を兼ねたデザインリフォーム再生をするＤＩＹ大家です。

２０１６年に競売落札をきっかけに不動産投資をスタートさせました。家賃収入は月１４０万円、返済40万円、月のＣＦは１００万円です。

不動産投資をはじめたきっかけは、もともと素敵な家に興味があったから。

鎌倉に素敵なマンションがあって、いろいろと検索したら競売物件を見つけました。

当時は競売を知らなくて、そこからまた調べたところ、競売投資で有名な藤山勇司さんのところにたどり着きました。藤山さんのスクールで競売や不動産投資について学び、『大家さんになろう！』って決めました」

と、菊地さん。

その後、はじめて競売物件を落札。ボロボロの物件をご夫婦でＤＩＹして大家さんデビュー。しかも、その物件で第一回健美家ＤＩＹコンテストで優勝をされています。

「１件目の物件を自分達でリフォームして健美家さんで賞をいただいてから、健美家コラムを書かせてもらっています。

おかげさまで、デザイン大家さんとして見ていただけるようになりました。くわえて、ＤＩＹの経験を積むうちに、リフォームの目線がいろいろとわかるようになりました。

あ、あと新川大賞も受賞していますし（笑）。不動産投資をはじめて本当に良かったなと感じています」

新川大賞とは私が個人的に菊地さんに差し上げた賞です。私が感動したという理由で授与させていただきました。

また、不動産投資をはじめて良かったことがまだあると言います。

「不動産投資をはじめて良かったのは人に喜んでいただけること。ボロ物件がキレイになると近所の人にも喜ばれるんです。自分達のためにはじめたことなのに、地域にも良いことなんですね。

みんなが暖かく感じるので、これからも周りの人が幸せになることをしたいです」

不動産投資はお金を得るために行うものですが、「良い住環境を提供するビジネス」という側面もあります。

菊地さんは、ちょっと信じられないようなボロ物件を買って、それをサーファー仕様に仕上げるという「発想力」の持ち主です。

それが自身の喜びでもあり、入居者はもちろん、地域の方々にも喜んでもらえるのは大変素晴らしいと思います。

この発想力の源は、菊地さんの「こだわり」が強いからではないかと思っています。

例えば壁掛け用として、あえて錆びている釘を残すことでビンテージ感をうまく演出していますか。ネットだけでなく、雑誌も読み込んで勉強なさっているのが大きいのではないでしょうか。

そしてもう一つ強みを追加するのなら、「諦めない力」です。これは「持続力」につながります。

先日もちょうどバリに行った人に海外の照明を買ってきてもらったりしていました。このように菊地さんは、人を巻き込んで自分のこだわり貫いているといえます。

これまで、とても順調そうに見える菊地さんですが、トラブルはなかったのでしょうか。

「昨年の台風で4世帯アパートの屋根が吹っ飛んでしまいました。全員退去してもらうための交渉や新しい住まいを見つけるのがとても大変でした。しかも、火災保険はそこそこしか出ませんでした。

なかなか大変で、未だにこの物件はリフォーム中です。

とはいえ、ここに至るまで善人にばかりに出会っていて、ずっとラッキーだと感じています！」

困難にぶつかっても前向きに進んでいけるのは、さすがです。
さて、そんな菊地さんの目標をお聞きしました。

「月額CF200万円です。私が重視しているのは、お金そのものではなくて、それによって得た時間です。
波がいい時にサーフィンしたいし、大好きな海外旅行もしたいです。なによりサーファー目線で世界を回ってみたいです。もちろん、旦那さんも一緒に♡
まだまだ目標は叶えられませんが、DIYをしながらサーフィンライフを楽しんでいます」

菊地さんなら、この目標はきっと叶えられると思います！
最後にこれから不動産投資をはじめる読者の皆さんへアドバイスをいただきました。

「はじめは向き不向きは分からないから小さくはじめて、自信が付いたら徐々に大きくするのが良いのではないでしょうか。
いきなり大きな物件はお勧めしません。というのも不動産投資では想定通りには進まないこともあるからです。

やってみて向いてない人もいるでしょうし、勉強してわかった気になっても、経験してみないとわからないことがいっぱいあります。なによりアクシデントは必ずあるので、体力と経験に応じて進めていくべきでしょう。

できれば物件の内見を50軒してみてください。その中で良い不動産業者さんに出会うこと。そうすると急に良くなっていきます。

また投資は自己責任なので、最後は人に頼らず自分で判断できる知識を身に着けるのが大切です。私にとってＤＩＹがそうだったように、自分の強みを棚卸しながらするといいかもしれません！」


菊地さん自身、物件は地元の不動産会社に紹介してもらい、サーファー需要の高い（一般の人が住んでいない）エリアを紹介してもらっています。

また、お父さんから大工の仕事をいろいろ教わったこともあり、もともとＤＩＹの素養があったそうです。

このように自信の強みを最大限生かしているのも、初心者の皆さんにとって参考になるのではないでしょうか。

私自身の考えでは、第1部でも解説した通り、DIYは必ずしなくてはいけないものではありません。それが好きな人、得意な人がやればいいと思っています。

手先が不器用であったり、忙しくて時間のない人が無理にやるのはむしろ反対です。

自分にあったスタイルで不動産投資を楽しみながらできるのがベストであると考えます。

第2部

大家さんサポート

◇ 太田垣 章子さん

◇ 菅井 敏之さん

大家さんの心強い味方、司法書士あやちゃん先生

太《おお》田《た》垣《がき》章《あや》子《こ》さん

【プロフィール】

大阪生まれ　神戸海星女子学院卒業　オリックスブルーウェーブの球団広報を経て、平成13年司法書士資格を取得。４年半司法書士事務所に勤務したのち、平成18年大阪にて独立開業。平成24年、事務所を東京に移す。不動産登記、会社登記はもちろんのこと、家主側の訴訟代理人で建物明渡事件を２２００件以上受託。業界誌等の連載やセミナー講師も務める。

●著書『２０００人の大家さんを救った司法書士が教える賃貸トラブルを防ぐ・解決する安心ガイド』（日本実業出版社）、『家賃滞納と言う貧困』（ポプラ社）

●ＨＰ『章（あや）司法書士事務所』
http://www.ohtagaki.jp/

●ブログ『あやちゃん先生のひとり言』
https://ameblo.jp/ohtagaki/

司法書士が大家さんの味方に？

あやちゃん先生こと、司法書士の太田垣章子さんは元オリックスブルーウェーブの球団広報という異色の経歴です。

その後、お見合いで結婚をして寿退社。専業主婦をしていたところ離婚となり、その当時、まだ赤ちゃんだったお子さんを女手一つで育てあげました。

「なんの資格もない女性が働いても、お給料は雀の涙です。そんななか離婚を担当してくださった弁護士の先生から資格取得を勧めてくださり、それが司法書士だったのです。それから6年にもわたる勉強の毎日が続きました。働いて子育てして夜中に勉強する・・・当時の生活費は3万円で。本当に苦しい日々でしたが、なんとか資格を取ることができたのです」

と、あやちゃん先生は言います。そんなあやちゃん先生が、なぜ「大家さんトラブル」に特化した司法書士になったのでしょうか？

「司法書士として登記の仕事がしたかったのですが、なかなか新規の仕事はありません。そんな中、土日に不動産会社へ飛び込み営業をしていたところ、『いま家賃を払ってない賃借人の対応で忙しいから帰ってちょうだい！』と追い払われそうになったんです。そこで勇気をふりしぼって『それ、司法書士でも対応できるようになったんですよ！』とアピールして、お仕事をいただいたんです」

これは、弁護士にしか認められていなかった訴訟代理権が2002年に司法書士にも認められた（司法書士法3条1項6号・7号）という経緯があります。どういうことかといえば、認定を受けた司法書士に限って、簡易裁判所で取り扱うことができる民事事件（訴訟の目的となる物の価額が140万円以下の民事訴訟案件）について代理業務が行えるようになったのです。

当時は、そんな仕事を1件もやったことはなかったのですが、生活していくため背に腹は代えられず請け負ったところ、家賃滞納トラブルを見事解決したそうです。以来、大家さんのお困りを解決できる司法書士の先生として注目を集めています。

司法書士として雇われていた時代から、事務所を開設して独立。住み慣れた大阪から東京への進出と、華々しく活躍されている、あやちゃん先生ですが、苦労はなかったのか尋ねてみました。

「基本的にはたくさんの人に応援していただいておかげで、今の自分があります。それに応えるためにも、頑張り続けなくては・・・と感じています。しかし、一人でできるボリュームなんてしれていて、人材が確保できずに苦しんだこともありました。もともと経営の知識もなく、借入も怖くてできず、でも仕事はあって手が足りず・・・。体制が整うまでにかなりの時間を要しました。少しずつお客さまからの信頼を得られるようになって、人も集まってきたという感じでしょうか。とにかく私自身はめちゃくちゃ強運で、人に救われてばかりです（笑）」

そんなあやちゃん先生に対して、私は「対応力」がある人だと尊敬しています。様々なトラブルを解決するにおいて、大家さんの味方でありながら、問題を起こした入居者にもしっかりと寄り添っている。これは、かなり難しいことです。

というのも、私自身も大家さんの味方でありたいと考えています。しかし、そうなると問題を起こすような入居者に対して厳しい対応になりがちです。大家さんのことを第一に考えながらも、入居者に寄り添うのはしたくてもできないことのように感じます。

その点、あやちゃん先生の対応力は素晴らしいです。

建替えの立ち退き交渉をするときでも、これまでに一度もこじれたことがないそうです。いくらやっかいな人でも、最終的には機嫌よく退去していってくれるというのですから、これはもうあやちゃん先生の人柄、持って生まれた人徳ではないかと思います。

さらに大家さんがトラブルを抱えないためには、どうしたらいいのかアドバイスをいただきました。

「多くの大家さんは、家賃滞納や生活マナーの悪さ、空室に苦しんでいます。私の考えでは、大家さんと入居者は類友です。生活の場を提供しているという思いがあるかどうかが大切で、大家さんがお金しかみていないと、お金で苦労する人しか入ってきません。入居者に喜んでもらうことを提供する、入居者の方とのコミュニケーションを大切にする・・・これに尽きると思います」

これは、私たち業者もしっかり肝に銘じたい部分であります。さらにトラブルを避けるための具体的な策としては、物件購入時に以下を行うことをお勧めしています。

・各部屋の賃貸借契約書等の原本があるか、コピーがあるかを確認
・所有権移転後、既存の契約書をもとに、きちんと自身でも書面を交わすとともに入居者の把握をする

オーナーチェンジというタイミングを活かして、入居者との契約内容を確認して、さらに現状を把握する。そこをするだけでトラブル防止または、トラブルが起こった際にも早期解決につながるといいます。

「それから、大家さんたちには、『人様に生活の場を提供する』という意識を持って欲しいです。だからこそ、まずは『安全』という絶対条件を満たしてください。そして、決してセミナーおたくにならないでください。セミナーを数回聞いたところで、そんな知識は中途半端なものです。それよりも、もし何かあったとき、すぐに確認ができる、相談ができるブレーンが必要なのです。そのためには、良い仲間を大切にするこ

とが何よりです！」

これは私も同感です。仲間がいれば困難も克服できますから。

最後に、あやちゃん先生のこれからの目標をお聞きしました。

「声を上げ続けて法改正を目指します。高齢者が部屋を借りやすくなるよう『事故物件の定義の改正』、シングルマザーでもある立場から『養育費の支払いに関する制定』。そして何よりも、『悪質賃借人の早期明渡の実現』です。これに苦しんでいる大家さんは多いですから」

これは大家さんだけでなく、私のような業者の立場からしても実現してほしいことです。私も全力で応援したいです。あやちゃん先生、貴重なお話をありがとうございました！

元メガバンク支店長が教える不動産投資で「やってはいけないこと」

菅《すが》井《い》敏之《としゆき》さん

【プロフィール】

1960年山形生まれ。1983年、学習院大学卒業後、三井銀行（現・三井住友銀行）に入行。個人・法人取引、およびプロジェクトファイナンス事業に従事する。2003年には金沢八景支店長（横浜）に、2005年には中野支店長（東京）に就任。48歳のときに銀行を退職。複数のアパートオーナーとして不動産賃貸事業に力を入れる。2012年、東京・田園調布にカフェ「SUGER COFFEE（スジェールコーヒー）」をオープン。銀行員としてのお金を「貸す側」、不動産投資家としてのお金を「借りる側」、両方の視点を生かして毎年安定した収入を得ることに成功した経験をもとに、全国の講演会で講師として活動するほか、テレビ・ラジオ等にも多数出演。

●著書『お金が貯まるのは、どっち!?』（アスコム）は40万部を突破し2015年オリコンランキングビジネス書部門第1位を獲得。その他、『家族のお金が増えるのは、どっち!?』、『金の卵を産むニワトリを持ちなさい』、『読むだけでお金の増やし方が身につく 京都かけだし信金マンの事件簿』（すべてアスコム刊）など著書多数。近著に『あなたと子どものお金が増える大金持ちの知恵袋30』（集英社）がある。

●HP『マネーの専門家・菅井敏之公式サイト』http://www.toshiyukisugai.jp/

不動産投資で失敗しないために・・・

元メガバンク支店長でベストセラー作家でもある菅井敏之さん。「お金の専門家」という印象が強いですが、不動産歴15年のベテラン投資家さんでもあります。

「私はサラリーマン投資家の皆さんと同じように、銀行員をしながら不動産投資をはじめました。最初の目標は月額のキャッシュフロー300万円だったのですが、はじめて5年ほど経ったときに、目指すのは数字や規模ではないと気づいたのです」

と菅井さん。そして、その後の目標は「自分にとっての幸せとは何か」を考えて決めたそうです。その結果、「大切なのは、お金の額ではない。楽しい時間だ」という考えに至ったと言います。

「楽しい生活を送るために毎月300万円ものお金はいりません。そこで軌道修正して、自分がしたいことができる選択肢を持ちたいと、改めて自分を見つめ直したのです。徹底的に考えた結果、オヤジのことを思い出しました。オヤジはよく茶の間で近所の人の相談を受けていました。経理に強かったので、お金のアドバイスから、人生もろもろについて相談に乗っていました。そんな風景を小さいころからよく見ていたのです」

なんでも菅井さんの自宅の玄関先には、ご近所の人からお礼の品として、大根など野菜がよく置いてあったそうです。

「オヤジは田舎ならではは人の距離が近い『お互い様の心』で、こうした相談に乗っていたようですが、それがすごくかっこよく思えました。お互い様で助け合っていれば、自分が困ったときも助けてくれる。自分もそうやって生きよう。それを山形でなくて東京でやろうと考えました」

そうして覚悟が決まった菅井さんは、お金の悩みを解決する専門家になったそうです。

「自分は決して大金持ちではありません。しかし、これまでお金持ちをたくさん見てきたから、お金持ちへの成り方を知っています。それを皆に伝えたら、皆が豊かになるでしょう。だからこそ、本の執筆や講演などを通じて、情報発信をはじめたのです。また、最近は不動産投資で失敗している人も多いです。不動産は金額が大きいですから、取り返しのつかない失敗もしてしまいがちです。そんな人たちの悩み相談もしていますが、できれば失敗する前に気づいてほしいのです」

と菅井さんは言います。これは私も心の底から同感しています。不動産投資の失敗は、ある程度の知識が避けられることがほとんどなのです。

そこで、ここでは菅井さんがサラリーマン投資家さんに伝えている「失敗しないために、やってはいけないこと」を、本書の「5つの大家力」に絡めてお話いただきました。

① 決断力

不動産投資の失敗理由として、間違った決断しまうケースがあります。とくに「リスクをとらずにリターン得る」そんな考えはダメだと菅井さんは言います。

大企業に勤めるようなエリートほど、まわりに純粋培養が多く、自分が騙されるわけがない・・・そう信じ込んでいる人が多いそうです。また、間違って決断をして、失敗してしまっても黙って自分で抱え込んでいるケースも多くみられると言います。

「間違った決断をしてしまった人ほど人に助けてもらう力が大事。私はそれを受援力と呼んでいますが、受援力を育てましょう。ポパイになるなオリーブになれ！　と言いたいです」

②行動力

不動産投資において、必ずやるべき行動は「市場調査」だと菅井さんは言います。ようはマーケットリサーチです。

失敗する人は、必ずと言っていいほどこの市場調査していません。

自分の購入する物件と同じような物件がどんなスペックでいくらの家賃で貸しているのか。自分の物件がどういう位置をしめているのか。そうしたことを知らない人が多すぎると菅井さんは感じています。

同業他社のリサーチは、ビジネスにおいてごく普通のことです。それを「自分の仕事ではない」と思いこんでいるのです。

③ 持続力

瞬発力だけがあって持続力のない人は多いです。

菅井さん自身もそのタイプだと言います。そして、自分が弱いところだからこそ、自分の代わりに持続させてくれるパートナーの選択が大切です。

「優れたパートナーを選ぶと共に、パートナーとは末永く上手につきあっていかなくてはなりません。そのためには〝丁賞感微〟(ていしょうかんび)の心が大切です。目配り気配りして、感謝の気持ちを持って接します」

菅井さんが今でも不動産投資の勉強を続ける理由は、褒めるときに現場をわかっていないと褒められないから。オーナーはちゃんと勉強して現場をわかっているべきで、小さな変化を見逃さないようにしているそうです。

「客付け、管理、みんな努力してくれています。結果だけじゃなくてプロセスもしっかり見てほしいはずです。満室であるならば、それを当然と思うのでなく感謝する。なんで満室になっているのか、担当者の創意工夫にスポットあてましょう」

それが持続力をアップさせる秘訣だと言います。

④対応力

物件を所有したら、様々な人との対応が必要となります。

とくに銀行とのコミュニケーションも重視します。菅井さんは銀行には年に3回報告にいくようお話ししているそうです。

「決算報告、中間報告、正月・・・の年に3回いって、コミュニケーションとる。社長なのにそれをやっていない人が多すぎます。不動産オーナーは借りたら終わりという感覚の人が大多数です。銀行との付き合い方を知らなすぎると思います」

買うまでノウハウは教える人が多いけれど、買ってからのことを教えている人はいません。不動産を買い進めたいのであれば、そこが大事です。

菅井さんは銀行との付き合い方をはじめ、買った後のことを伝えるのが使命だと考えています。

⑤ 発想力

菅井さん曰く、「利益は困ったことを解決した対価」です。

多くの投資家は自分ファーストの発想で「老後のために」「相続税対策」などからはじめるため、思ったとおりにならない結果となります。

「不動産賃貸業はとてもシンプルで、困った人のために住まいを用意するのが大家さんの仕事です。だから自分本位の発想をするのでなく、世の中の困っていることを見つけましょう」

と菅井さんは言います。菅井さんの言葉は続きます。

「例えば、労働力が不足して外国人が来日したものの、寝泊まりする場所が足りないから、その箱を用意する。高齢者が運転できないから、コンパクトシティが必要で、街中に高齢者向けの住まいが足りない・・・このように、まずは困った人のニーズを見つけて、そのための受け皿をつくってあげれば、ビジネスは永遠に続きます」

たしかに、世の中には困っている人はたくさんいます。

それを解決していく気持ちが大切で、そういう人に対応できるための財務力があれば、ビジネスとして成り立つのです。

最後に菅井さんからメッセージをいただきました。

「サラリーマンをしながら不動産投資で成功したいのであれば、『金融資産』『家賃収入』『ビジネス』この3つを高めていきます。収入―支出をプラスに、資産―負債をプラスに。そして、そのプラスになったキャッシュフローに手を付けてはいけません。純資産を増やすことに注力しましょう！

お金を貸す側の視点でいえば、その人の資産明細を見れば事業家か否かわかります。失敗している人は投機家。そもそも銀行は資産運用のためにお金を貸すためではなく、賃貸事業のために貸すのです。

自分の頭で考えないで、だれかの意見を鵜呑みにすると失敗します。人に教えを乞うときは、必ずちゃんとやっている人に聞きましょう。

また不動産賃貸業では自分自身が監督なのです。『経営者は自分』という意識を持って、誠実かつ真摯に優秀なチームをつくりましょう」

菅井さんのお話で、「決めつけてはいけない、鵜呑みにしてはいけない」という部分がとくに腹落ちしました。

菅井さんは田園調布で「スジェールコーヒー」というカフェをされています。事前に連絡をすれば、賃貸経営の相談に乗ってくれるそうです。

「その内、地元の山形へ居を移すかもしれません。私に相談がある人は、カフェがあるうちにぜひどうぞ！」

とのことです。

たくさんの著作を出しているベストセラー作家でありながら、偉ぶったところがまったくなく、不動産投資で困っている人を救い、サポートする姿勢は見習いたいと思います。

おわりに

本書を最後までお読みいただきまして、ありがとうございます！

さまざまなことにチャレンジしている私ですが、「不動産投資カエルンジャー」という取り組みもしています。本書の終わりに、この活動の紹介をさせてください。

はじめに、にも書きましたが、ここのところ不動産投資業界で聞くニュースに、いい話はありません。インターネットで不動産投資を検索すれば「失敗」「不正」といったキーワード。書籍も業界の暴露本が売れていると聞きます。

そんな状況が続いているなか、とある人と飲んでいたとき「業界全体をもっと考えなければダメだよ・・・」という話になりました。

それをきっかけに私が思いついたのが、吉野家の呼びかけではじまったという「外食戦隊ニクレンジャー」の試みです。

肉関連の外食産業の5社が競合ではなく、「共創しながら盛り上げていきたい」という思いから企画されたそうです。

そんな「外食戦隊ニクレンジャー」をヒントに「不動産投資レンジャー」を募集することにしました。

これは、あっと言う間に5人揃ってしまったので、その案をボツにして・・・もっと多くの人数を募集することにしました。
そしてこのタイトルというか、この肉レンジャー的な名前が欲しくてでもなかなかいい名前に出逢えなかったのですが、先日やっと出逢えました。

「不動産投資カエルンジャー」
不動産投資業界を変えるんじゃー！
不動産投資物件を買えるんじゃー！

この2つの言葉にもかけて不動産投資業界を良くしたい。この志に賛同してくれた人を募集しています。

何か形になった方がいいかと思い、好きな歴史上の人物を本人そっくりのイラストにしています。ちなみに私は坂本竜馬で、白鳥は卑弥呼です。

不動産投資業界を健全化したい！

この志を普段から持って行動する人が多くなれば不動産投資

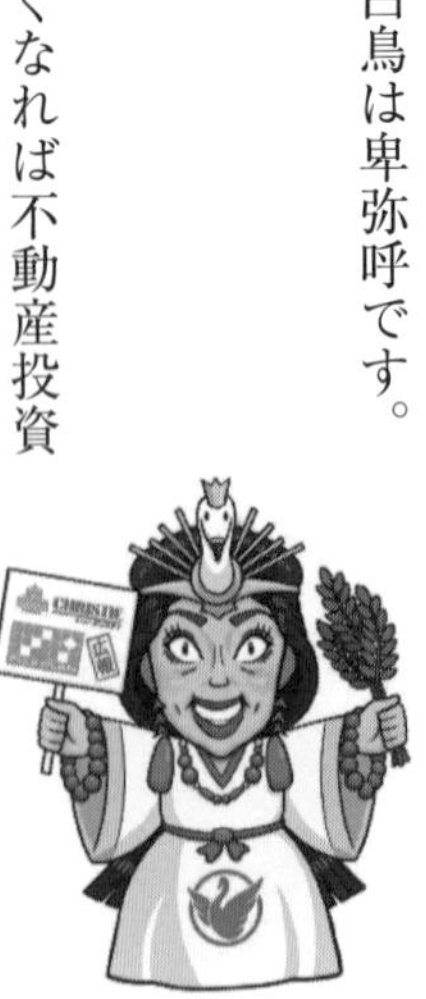

業界もきっと良くなっていくのではないでしょうか。

言葉には大きなパワーがあります。皆の声を大きくして不動産投資業界を良くしようぜよ～！　とりあえず73人は集めたいと思っておりますのでご協力お願いします。興味のある方は私に声をかけてください！


最後に、本書の執筆にあたってお世話になった方々にお礼を述べたいと思います。芦沢晃さん、岩崎えりさん、太田垣章子さん、金子みきさん、河上伸之輔さん、菊地美佳さん、小嶌大介さん、沢孝史さん、菅井敏之さん、中島亮さん、舛添菜穂子さん、松田淳さん、山屋悟さん、脇田雄太さん。忙しいところ取材の時間をとっていただきまして、ありがとうございました。

それから、いつも一緒に遊んでくれる「サーファー大家の会」の仲間たち。ごま書房新社の大熊さん、編集協力の布施さん。いつもありがとうございます。

また、いつも私を支えてくれている「クリスティ」「富士企画」のみんな、縁の下の力持ちである父にも、お礼を言いたいです。いつも、ありがとう！

令和元年　6月　一宮海岸にて

新川　義忠

・著者プロフィール

新川 義忠（しんかわ よしただ）

株式会社クリスティ代表取締役、富士企画株式会社代表取締役。

1972年、福岡県生まれ。不動産投資専門会社でトップ営業マンとして実績を挙げた後、2012年に独立、富士企画(株)を設立。2016年より老舗不動産会社である株式会社クリスティの代表も兼任。サラリーマンから地主さん、プロ投資家まで様々な案件にて、現在までに約3500件の物件売買に関わる。「投資家目線でのアドバイス」「すぐには売らないスタイル」の人柄が信頼を呼び、著名大家さんも含めファンが多い。その手腕が話題を呼び、TV出演などメディアから取材多数。著書に『物件サポート3500人！事例で見る"勝ち組大家"の法則』『出口から逆算する"プロ"の不動産投資術！』（共にごま書房新社)、『万年赤字物件を脅威の高値で売る方法』（幻冬舎)。趣味は週2回行くサーフィンほか幅広い。

●Facebook【新川義忠】
http://www.facebook.com/yoshitada.shinkawa
●株式会社クリスティホームページ
https://www.christy.co.jp/
●富士企画株式会社ホームページ
http://www.fuji-plan.net/
●ラジオ番組
http://urx2.nu/09F1

「14人」の達人に学ぶ
不動産投資成功の秘訣

著　者	新川 義忠
発行者	池田 雅行
発行所	株式会社 ごま書房新社 〒101-0031 東京都千代田区東神田1-5-5 マルキビル7F TEL 03-3865-8641（代） FAX 03-3865-8643
カバーデザイン	堀川 もと恵（@magimo創作所）
編集協力	布施 ゆき
印刷・製本	東港出版印刷株式会社

ISBN978-4-341-08738-8 C0034